中国民生财政支出的
经济社会效应研究

姜扬 著

商务印书馆
创于1897 The Commercial Press

图书在版编目(CIP)数据

中国民生财政支出的经济社会效应研究/姜扬著.—
北京:商务印书馆,2022
ISBN 978-7-100-21576-3

Ⅰ.①中… Ⅱ.①姜… Ⅲ.①公共财政—财政支
出—研究—中国 Ⅳ.①F812.45

中国版本图书馆 CIP 数据核字(2022)第 150426 号

权利保留,侵权必究。

中国民生财政支出的经济社会效应研究
姜扬 著

商 务 印 书 馆 出 版
(北京王府井大街 36 号 邮政编码 100710)
商 务 印 书 馆 发 行
北京市白帆印务有限公司印刷
ISBN 978-7-100-21576-3

2022 年 11 月第 1 版 开本 880×1230 1/32
2022 年 11 月北京第 1 次印刷 印张 7⅝
定价:78.00 元

目　　录

前言

　　自改革开放以来,中国经济实现了快速增长,国家综合实力显著提升,人民生活水平都得到了明显改善。同时,中国经济社会发展中也暴露出一些亟待解决的现实问题。这些问题主要集中在就业、教育、医疗、住房和社会保障等民生领域,在某些方面和不同程度上已经对中国经济社会的健康发展产生了一定的负面影响。面对新的发展形势,党和政府秉承"以人为本"的理念,加大了对民生问题的关注,积极保障和改善民生,努力让全体人民共享改革发展成果。

　　近年来,我国的民生实践取得了阶段性成效,重点民生领域中一些突出的矛盾和问题得到了一定程度的缓解。应该看到,在政府保障和改善民生的政策中,财政支出向民生领域的倾斜发挥了重要作用,并催生出具有中国特色的民生财政理论。在当前国内外经济形势复杂多变、经济增长进入新常态、政府财政收入增速减缓的情况下,如何从我国的基本国情出发,集中力量把民生财政支出投向基础性、普惠性、兜底性的民生领域,更好地发挥民生财政的经济社会效应,是关乎中国经济社会健康发展的现实问题,也是学术研究的焦点问题。

　　与我国丰富的民生实践相比,民生财政的理论研究尚处于初创阶段。本书在充分借鉴既有成果的基础上,坚持以人为本和共享发展的理念，综合运用政治经济学、经济社会学、心理学等多学科的理论知识，采用定性分析与定量分析相结合等研究方法，从中国民生财政支出的现实情况出发，将理论与实践紧密地联系起来，对中国民生财政支出的经济效应和社会效应进行了研究。

本书的研究思路是：首先，通过梳理基础理论和相关研究成果，明确民生财政的定义，其政治经济学内涵，以及其支出范围；其次，从规模、结构等角度考察了我国民生财政支出的现实情况；再次，通过实证分析揭示了民生财政支出与经济增长之间的关系及其作用机制，并从促进居民消费和创业行为两个角度分析了民生财政支出对经济增长的实际和潜在的作用；复次，通过实证分析揭示了民生财政支出在提升居民主观幸福感方面的作用；最后，通过借鉴发达国家与民生相关财政支出的成功经验，得到了相应的启示。基于上述研究思路，具体章节安排如下：

第 1 章，绪论。本章阐明了选题的背景、研究的理论价值和现实意义、研究中使用的主要研究方法、主要内容和结构框架以及主要创新点等。

第 2 章，理论基础与相关文献回顾。本章系统梳理、归纳、评述了与论文研究相关的国内外研究成果。其中，民生思想渊源主要按时间顺序，从中国传统民本思想、西方福利社会思想、马克思主义人的全面发展思想、以人为本的发展理念四个方面进行回顾。财政支出相关文献回顾主要从财政支出职能、财政支出规模与结构、财政支出与经济增长关系、财政支出与主要经济目标关系等方面进行。民生财政支出的直接相关文献回顾主要从民生财政支出的概念范畴、实证研究和对策研究方面展开。

第 3 章，我国民生财政支出的现状分析。民生财政是我国民生实践中出现的新生事物,相关的理论研究目前尚处于初创阶段。本章通过对民生财政相关概念范畴的界定,给出了民生财政的定义,并对民生财政进行了政治经济学解读,进而明确了民生财政支出的范围。在概念范畴界定的基础上,本章从民生财政支出的规模、趋势、层次、结构以及地区差异等不同角度,分析了我国当前民生财政支出的基本情况和存在问题。

第4章,民生财政支出的经济效应。本章主要针对我国民生财政支出的经济效应进行了相关研究。首先,实证研究了民生财政支出与经济增长的关系及作用机制;其次,通过民生财政支出对居民消费水平影响的实证研究,揭示了民生财政支出通过刺激消费对经济增长产生的现实影响;再次,通过民生财政支出与居民就业关系的实证研究,揭示民生财政支出对居民就业的影响方式和作用机制;复次,通过民生财政支出与创业行为的实证研究,揭示民生财政支出对创业行为的影响机制;最后,通过实证分析,研究民生财政支出对城乡收入差距的影响。

第5章,民生财政支出的社会效应。首先,通过民生财政支出与公共主观幸福感之间关系的实证研究,分析了我国民生财政支出的社会效应,进而研究了民生财政支出对公共主观幸福感的影响,以及民生财政支出对不同群体的主观幸福感的影响。其次,研究民生财政支出与居民公共服务满意度之间的关系,重点分析各项民生财政支出对居民的满意度是否存在异质性影响。

第6章,国外经验与相关启示。本章通过借鉴美国、德国、英国、日本、丹麦以及冰岛等经济发达国家在与民生相关的财政支出成功经验,并结合实证分析得到的主要结论,给出了相应启示和对策建议。

最后是本书的主要研究结论。

第 1 章　绪论

1.1　选题背景及意义

1.1.1　选题背景

改革开放 40 多年来，中国经济实现了长期快速增长。从经济总量看，国内生产总值从 1978 年的 3679 亿元增长到 2019 年的 990865 亿元，增长了约 269 倍；从人均经济总量看，人均国内生产总值从 1978 年的 385 元增长到 2019 年的 70892 元，增长了约 184 倍[①]。社会生产力的解放和发展，创造出丰富的社会物质财富，国家综合实力得到明显提升，人民生活水平得到了极大改善。从世界范围来看，中国从 2010 年超越日本以来，一直稳居全球第二大经济体。按照世界银行的标准，中国在 1997 年第一次从"低收入国家"进入"中等收入国家"行列，并于 2010 年跻身"中等偏上收入国家"行列。中国经济增长实绩得益于以社会主义市场经济为导向的改革措施，也得益于人民群众劳动积极性和创造性的激发。

---

① 数据来源于中国国家统计局网站 http://www.stats.gov.cn。

　　在看到我国经济社会发展取得长足进步和巨大成就的同时，也需要清醒地看到，中国经济社会发展在平衡性、协调性和可持续性等方面还存在着许多问题，尤其是面临着日益凸显的社会民生问题，中国依然是发展中国家。从经济收入方面看，我国居民收入在国民经济初次分配中的比重有待提高；城乡居民收入增长速度滞后于国民经济增长速度；收入差距较大，居民收入基尼系数长期高于国际公认的收入差距警戒线。在社会民生方面，随着政府对社会民生问题的持续财政投入，部分民生领域的突出问题得到缓解，人民的生活满意度普遍得到提高，但一些重点民生领域内关乎人民群众根本利益的相关诉求并没有得到有效解决。特别是，在新时代背景下，随着中国社会主要矛盾的转化，人民的美好生活需要不再仅仅满足于吃饱穿暖，而是在吃好穿好的基础上对教育、医疗、社会保障等民生领域提出更高要求。在民生财政支出方面，随着近年来经济下行压力的不断增加，中央不断出台结构性减税政策并加大对基础设施建设的投入以实现"稳增长"的政策目标，结果导致我国财政收入和民生财政支出的增速都出现放缓趋势。在全国财政收入方面，2018 年全国实现财政收入 183352 亿元，比上年增长 6.2%，低于 2017 年的 7.4%；在民生性支出方面，相比较于 2017 年，2018 年国家财政在教育、社会保障和就业以及医疗卫生和计划生育等方面的支出增速都出现不同程度的下降。

　　面对新的发展形势，为实现经济的平衡、协调以及可持续发展，党和政府及时调整和进一步完善了国家发展战略，从单纯以经济建设为中心的政策思路逐渐转变为以经济发展和民生改善并重的全面发展政策思路，在保持经济稳定快速增长的基础上不断加强对社会民生问题的关注。2006 年，国务院政府工作报告中首次提出"统筹兼顾，关注民生……让全体人民共享改革发展成果"。此后历年政府工作报告都把民生建设列为重点内容。2007 年，党的十七大报告中提出"着力保障和改善民生……努力使全体人民学有所教、劳有所得、病有所医、老有所养、住有所居"。2012 年，党的十八大报告中提出"解决好人民最关心最直接最现实的利益问题……努力让人民过上更好生活"。党的十八大以来，习近平同志将民生问题纳入共享发展理念，他强调"保障和改善民生没有终点，只有连续不断的新起点"，要着力保障民生资金投入，统筹教育、就业、收入分配、社会保障、医疗卫生、住房等各方面改善民生的工作。十九大报告中指出，"保障和改善民生要抓住人民最关心最直接最现实的利益问题，既尽力而为，又量力而行"。这要求各级政府加大对社会民生工程的财政支持力度，着力补齐民生短板，让改革开放的发展成果更好地惠及全体人民。同时，要求各级政府在关注和改善民生问题的过程中，充分考虑我国仍处于并将长期处于社会主义初级阶段的社会经济发展阶段，充分吸取拉美国家因为打造超越自己财力水平的民生工程而陷入"福利赶超"增长陷阱的经验教训，不能因为单纯追求民生改善而忽略经济的发展，也不能片面强调民生财政支出总量的扩大而忽略民生财政支出结构的优化和支出效率的提升。

面对快速增长的民生需求与有限的政府财政收入之间的矛盾，地方政府如何在有限的财力下结合各自地区经济社会发展的实际情况，采取更科学的财政政策以提高民生财政的支出效率和经济社会效应，就成为一个社会各界关注和研究的热点问题之一。基于此背景，有必要在对中国民生财政支出现状进行分析的基础上测度民生财政的支出效率，有必要在对中国民生财政支出效率影响因素进行实证分析的基础上指出民生财政支出效率的经济效应和社会效应,进而在定性分析和定量分析的基础上为中国不断优化和完善民生财政政策提供理论支撑和对策建议。

1.1.2 选题意义

(一)理论意义

目前,民生财政作为国内经济学界所关注的热点问题,已经引起了很多学者的关注,但现有的研究成果还处于研究的初期阶段。民生财政的理论体系和分析框架尚未形成,需要进一步拓展和深化理论研究。

第一,有助于民生财政基础理论的梳理和基本概念的厘清。当前学术界对民生财政相关理论基础尚处于梳理、整合阶段,对于与本理论相关的概念还处于争论阶段。因此,有必要系统梳理民生财政基础理论,以及尽可能地统一基本概念的内涵和外延,使得相关研究成果具有可比较性和连续性,改变目前由于理论基础不完备、基本概念界定不清所导致的对策研究成果居多的现状。

第二,有助于进一步明晰民生财政支出对经济增长的积极作用。自 2010 年中国成为中等偏上收入国家以来,关于中国能否成功跨越"中等收入陷阱"问题产生了一些争议。财政支出向民生领域的倾斜势必造成对财政生产性支出的挤压,加之民生财政支出乘数较小,它对经济增长的作用还需要进一步研究。习近平同志指出"抓民生也是抓发展",这就需要从理论上对民生财政支出对经济增长直接和间接的贡献给出分析,为民生财政支出予以"正名"。

第三,有助于拓展民生财政支出的综合评价研究。民生财政支出直面人民群众最基本、最迫切的现实生活需求,因此对民生财政支出效果的评价不能仅仅停留在财政投入本身,而应该将人民群众最直接的生活体验与感受纳入评价体系。为此,本书综合运用经济学、社会学、心理学等学科的相关理论,尝试把公众主观幸福感作为评价民生财政支出效果的依据,让自上而下的惠民政策得到自下而上的信息反馈。

第四,有助于形成系统性的民生财政支出理论体系。当前,学术界对中国民生财政支出的研究主要集中在民生财政支出基本概念的探讨、民生财政支出必要性的阐释以及民生财政支出影响因素的分析,对于中国民生财政支出经济社会效应的研究则并不充分。因此,本书在进一步厘清民生财政支出基本概念的基础上,分析和总结当前民生财政支出相关理论研究的成果,从民生财政支出结构及其效应分析的角度,进一步推动民生财政支出理论研究的连续性和系统性,进而不断补充和完善民生财政支出的理论体系。

第五,有助于进一步拓展和丰富财政支出基本理论。在传统的财政支出理论研究中,民生财政支出并没有被单独作为一个明确的研究对象,通常都是将其作为社会性财政支出的一部分并将社会性财政支出作为主要研究对象,这导致在早期的研究中民生财政支出的相关理论并没有成为财政支出理论体系中具有独立地位的重要组成部分。然而,随着民生问题的重要性日益凸显,应用民生财政支出的理论研究对社会性财政支出研究对象进行细化研究,有利于形成一个更加具体的概念范畴和发展出一套完整的民生财政支出理论体系,进而实现对财政支出理论的新发展。

（二）现实意义

从我国丰富民生实践中产生的民生财政理论，其生命力在于为民生财政政策提供决策参考。民生财政支出政策效果的评价，将为民生资源配置的合理化和规范化提供理论支撑，这也是本书理论研究的现实意义所在。

第一，有利于集中民生财政做好基础性民生工作。当前，由于基本概念的不统一、不准确，民生实践领域存在着"泛民生化"的现象：民生财政投入及其比重被过分夸大，一些非公益性、有经营性收益的项目也挤入民生工程建设领域。界定民生财政的基本概念，可以明确民生财政投入的重点领域。尤其是在当前世界经济形势复杂多变、国内经济增长速度放缓、政府财政收入需要努力适应新常态的情况下，更需要从我国发展实际出发，集中力量把民生财政向基础性、普惠性、兜底性的民生建设领域倾斜，让有限的民生资源发挥更好的经济效应和社会效应。

第二，有利于民生财政政策的效果评估和动态优化。面对复杂多变的经济发展形势，只有将有限的民生财政资源发挥出最大的经济社会效应，才能在最大程度和最大范围内满足和改善人民群众关切的民生需求。然而，由于缺乏对民生财政范围的准确划分，一些重点民生领域得不到足够的财政支持。同时，由于缺乏对民生财政政策实施效果的有效评估，一些已经得到有效改善的民生问题仍然占用较多民生财政资源。搭建对民生财政支出效应的评估体系，有利于政府在及时评估政策效果的基础上动态优化民生财政政策，进而不断提高民生财政支出的合理性和有效性。

第三，有利于提高政府治理能力和治理水平。作为民生财政政策的制定者和实施者，政府的治理能力决定着民生财政支出效率水平的高低和民生问题解决的好坏。特别是，当前新的发展形势要求进一步全面深化改革，积极推进国家治理体系和治理能力的现代化。作为推进国家治理现代化的核心与关键，提高各级政府的治理能力与水平已经成为当务之急。民生财政的问题实质上是政府治理的问题。加强对民生财政支出经济社会效应的研究，不仅有利于提供衡量政府治理能力和治理水平的参考标准，而且有利于政府在政策考核和评价的基础上提高国家治理的现代化水平。

1.2 研究方法

本书始终秉承以人为本、共享发展的理念，坚持辩证唯物主义、历史唯物主义的世界观和方法论，从现有文献中系统梳理相关理论研究的思想，充分借鉴既有成果又保持独创精神，从中国民生实践的现实情况出发，将理论与实践紧密联系起来，客观与主观相结合地研究中国民生财政支出的经济社会效应。为此，本书主要综合运用如下几种研究方法。

（一）文献研究法

文献研究法是通过搜集、鉴别、梳理现有研究成果，进而通过对既有成果的研究形成对事实科学认识的方法。本书将系统整理国内外有关民生财政的著作、论文、咨询报告、政府公文、法律法规等，梳理出民生财政的理论基础和分析框架，整理好与民生财政相关的政策脉络，充分了解中国民生财政的实践历程和国外实践经验，为研究中国民生财政支出的经济社会效应提供坚实的文献基础和理论准备。

（二）定性分析与定量分析相结合

定性分析是依据经济社会现象或事物的属性及其运动变化规律，揭示经济社会现象或事物的内在规律性。定量分析是通过对数据的收集整理，描述经济社会现象或事物的数量特征、数量关系及其变化趋势。本书将定量分析中国民生财政支出的规模、结构，定性分析与定量分析结合起来分析民生财政支出的趋势，并实证研究中国民生财政支出的经济效应和社会效应。

（三）静态分析和动态分析

静态分析是在一定条件下，经济社会现象或事物在相关影响因素相互作用下达到均衡状态的特征。动态分析是指考虑到时间因素的存在，对经济社会现象或事物变动实际过程展开分析。本书在分析民生财政支出对创业的促进作用、民生财政支出对公众主观幸福感的实证研究中采用了静态分析的方法，在民生财政支出与经济增长关系、民生财政支出对居民消费影响的实证研究中采用了动态分析的方法。

1.3　研究内容及结构框架

本书以我国民生财政支出为研究对象，试图对民生财政支出的经济社会效应做出评价。本书的研究思路是：首先，通过梳理基础理论和相关研究成果，明确民生财政的定义，其政治经济学内涵，以及其支出范围；其次，从规模、结构等角度考察了我国民生财政支出的现实情况；再次，通过实证分析揭示了民生财政支出与经济增长之间的关系及其作用机制，并从促进居民消费、就业、创业行为以及城乡收入差距等角度分析了民生财政支出对经济增长的实际和潜在的作用;复次,通过实证分析揭示了民生财政支出在提升居民主观幸福感和公共服务满意度方面的作用;最后,通过了解发达国家在民生相关财政支出方面取得的成果,借鉴其成功经验,提出有利于我国民生财政发展的政策建议。基于上述研究思路,本书的具体章节安排如下:

第 1 章,绪论。本章阐明了选题的背景、研究的理论价值和现实意义、研究中使用的主要研究方法、主要内容和结构框架以及主要创新点等。

第 2 章,理论基础与相关文献回顾。本章系统梳理、归纳、评述了与论文研究相关的国内外研究成果。其中,民生思想渊源主要按时间顺序,从中国传统民本思想、西方福利社会思想、马克思主义人的全面发展思想、以人为本的发展理念四个方面进行回顾。财政支出相关文献回顾主要从财政支出职能、财政支出规模与结构、财政支出与经济增长关系、财政支出与主要经济目标关系等方面进行。民生财政支出基本问题的文献回顾主要从民生财政支出的概念范畴、实证研究和对策研究方面展开。

第 3 章,我国民生财政支出的现状分析。民生财政是我国民生实践中出现的新生事物,相关理论研究目前尚处于初创阶段。本章通过对民生财政相关概念范畴界定,给出了民生财政的定义,并对民生财政进行了政治经济学解读,进而明确了民生财政支出的范围。在概念范畴界定基础上,本章从民生财政支出的规模、趋势、层次、结构以及东中西部地区差异等角度,分析了我国当前民生财政支出的现实情况。

第 4 章,民生财政支出的经济效应。本章主要针对我国民生财政支出的经济效应进行了相关研究。首先,将民生财政支出、物质资本、人力资本纳入同一分析框架,实证研究了民生财政支出与经济增长的关系及作用机制;其次,通过民生财政支出对居民消费水平影响的实证研究,揭示了民生财政支出通过刺激消费对经济增长产生的现实影响;再次,通过民生财政支出与居民就业关系的实证研究,揭示民生财政支出对居民就业的影响方式和作用机制;复次,通过民生财政支出与创业行为的实证研究,揭示民生财政支出对创业行为的影响机制;最后,通过实证分析,研究民生财政支出对城乡收入差距的影响。

第 5 章,民生财政支出的社会效应。首先,通过民生财政支出与公共主观幸福感之间关系的实证研究,分析了我国民生财政支出的社会效应。进而研究了民生财政支出的教育、社会保障和就业、医疗卫生与计划生育、住房保障四个分项支出对公共主观幸福感的影响,以及民生财政支出对不同群体的主观幸福感的影响。其次,研究民生财政支出与居民公共服务满意度之间的关系,重点分析各项民生财政支出对居民的满意度是否存在异质性影响。

第 6 章,国外经验与相关启示。本章通过借鉴美国、德国、英国、日本、韩国、丹麦以及冰岛等经济发达国家在与民生相关的财政支出成功经验,并结合实证分析得到的结论,给出加快立法步伐、适度扩大支出规模、优化支出结构、完善转移支付、立足基本国情以及创新合作模式等政策建议。

最后是本书的主要研究结论。

1.4 主要贡献

目前,民生财政理论还处于研究的初创阶段,其理论体系和分析框架尚未形成,需要进一步拓展和深化理论研究。与既有的研究成果相比,本书的贡献主要包括以下五个方面:

第一,从经济效应和社会效应两个维度评价了民生财政支出的政策效果。应该看到,民生问题是经济问题,更是社会问题。因此,本书对民生财政政策效果的评价,摒弃了以往仅以经济效应为评价的做法,而采取了经济效应与社会效应两个维度评价的方式。

第二,开创性地研究了民生财政支出对创业行为的影响。从"创业带动就业"到"大众创业、万众创新",创业逐渐将会成为中国经济增长的新引擎。但是,民生财政支出与创业行为之间的关系尚未理清,本书首次实证研究了民生财政支出对创业行为的影响,揭示了民生财政支出对经济增长的潜在作用。

第三,开创性地研究了民生财政支出对公众主观幸福感的影响。将人民群众最直接的生活体验和主观感受纳入分析框架,尝试把公众主观幸福感作为评价民生财政支出效果的依据,首次研究了民生财政支出在提升公众主观幸福感方面的作用,让自上而下的惠民政策得到自下而上的信息反馈。

第四,本书不仅考察了民生财政支出规模和结构的经济社会效应,还在实证分析中对中国民生性财政支出效率进行了测度,相关结论不仅能够对已经实施的民生性财政政策的政策效果进行评价,而且能够为之后的民生性财政政策的制定、调整和优化提供理论依据,对于不断提高我国民生性财政政策的效率具有重大意义。

第2章 理论基础与相关文献回顾

2.1 民生思想相关理论研究回顾

2.1.1 中国传统民本思想

在汉语中,"民"曾经是与"官"相对应的群体,并从最初的奴隶逐渐演变成农、工、商等不做官的平民,而现在泛指人民群众。从这个意义上说,"民生"一词的本意指的是民众的生活。一般认为,"民生"一词在历史上最早出现于《左传·宣公十二年》中的"民生在勤,勤则不匮"[①]。应该看到,在中国传统的文化思想中,"民生"与"国计"相提并论,进而合成为人们熟知的成语"国计民生"。"民生"意味着对民众生活的关注,这集中体现在长期发展并演变形成的中国传统民本思想。

早在上古时期,皋陶就曾经建议舜帝"在知人,在安民""安民则惠,黎民怀之"[②]。在春秋时期,重民思想日渐兴起。《尚书》中指出"民惟邦本,本固邦宁"[③]。道家创始人老子主张"圣人无

---

① 左传 [Z]. 上海:上海古籍出版社, 1997: 586.
② 今古文尚书全译 [Z]. 贵阳:贵州人民出版社, 1990: 50.
③ 同上书: 97.

常心，以百姓心为心"①。儒家创始人孔子则主张"节用而爱人，使民以时""因民之所利而利之"②。战国时期，孟子明确地提出了民本主义思想，并将其高度概括为"民为贵，社稷次之，君为轻"③。孟子认为"得乎丘民而为天子，得乎天子为诸侯，得乎诸侯为大夫"④，意即民众是君主政权的基石。《荀子·王制》中曾提到"君者，舟也；庶人者，水也。水则载舟，水则覆舟"⑤。《管子·霸言》中曾提到"夫霸王之所始也，以人为本。本治则国固，本乱则国危"⑥。《管子·权修》中也提到"取于民有度，用之有止，国虽小必安；取于民无度，用之不止，国虽大必危"⑦。

此后，民本思想得到进一步发展并日趋成熟。秦汉时期，贾谊在总结秦亡汉兴的历史经验时指出，"闻之于政也，民无不为本也。国以为本，君以为本，吏以为本。故国以民为安危，君以民为威侮，吏以民为贵贱，此之谓民无不为本也"⑧。董仲舒也指出，"且天之生民非为王也；而天立王，以为民也。故其德足以安乐民者，天予之；其恶足以贼害民者，天夺之"⑨。到了唐代，唐太宗认识到"君依于国，国依于民"，并在执政期间轻徭薄赋以恢复经济，安抚百姓以稳定社会，使国家经济呈现出繁荣的景象。

宋代以后，民本思想得到不断完善和发展。张载提出了"民胞

---

① 老子今注今译 [Z]. 北京：商务印书馆，2003：253.
② 四书集注 [Z]. 长沙：岳麓书社，1987：61；285.
③ 同上书：252.
④ 同上书：525.
⑤ 荀子 [Z]. 开封：河南大学出版社，2008：144.
⑥ 管子 [Z]. 北京：华夏出版社，2000：159.
⑦ 同上书：18.
⑧ 贾谊新书译注 [Z]. 哈尔滨：黑龙江人民出版社，2003：256.
⑨ 董仲舒. 春秋繁露 [M]. 上海：上海古籍出版社，1989：46-47.

物与"的思想，并提出"为天地立心，为生民立命。为往圣继绝学，为万世开太平"①的理学宗旨。程颐也指出，"为政之道，以顺民心为本，以厚民生为本，以安而不扰为本"②。在明代，张居正提出了"天之立君以为民也""天以民之故而爱君"的思想。③明末清初，黄宗羲指出，"古者以天下为主，君为客。凡君之所毕世而经营者，为天下也"④。

　　到了近代，民本思想也得到了一定发展。孙中山提出的"三民主义"中也重点强调了"民生"，"可说民生就是人民的生活——社会的生存、国民的生计、群众的生命便是"⑤。孙中山的民本思想集中体现在其新旧三民主义之中，二者具有鲜明的继承性。在旧三民主义思想方面，孙中山当时深刻认识到资本主义的本质，认识到资本主义国家提倡国家政权"民有""民治"不是服务于全体人民，而是服务于资产阶级。他认为，社会主义的精髓主要体现在土地公有、资本公有等方面，在中国进行社会主义革命的本质在于消灭贫富差距。在新三民主义思想方面，孙中山试图用资本主义理论来指导解决中国的民生问题，然而资本主义固有缺陷和中国现实国情使这一想法无法实现。孙中山进而效法苏俄，将民主主义进行激进变革，提出"耕者有其田"，期望在平均地权的基础上能改善工农生活和提高工农地位。

　　综上可见，"民生"在我国传统文化思想中的重要性，关注"民生"也意味着统治者的内省与民众的期待。

---

① 张载集 [Z]. 北京：中华书局，1978：376.
② 河南程氏文集：二程集 [Z]. 北京：中华书局，1981：531.
③ 张太岳集：第 15 卷 [Z]. 上海：上海古籍出版社，1984：178；179.
④ 黄宗羲. 明夷待访录 [M]. 北京：古籍出版社，1955：2.
⑤ 孙中山. 孙中山选集 [M]. 北京：人民出版社，1981：802.

2.1.2 西方社会福利思想

虽然福利经济学产生于 20 世纪之初，但是西方社会福利思想却由来已久，甚至最早可以追溯到古希腊时期。应该看到，资本主义生产方式的出现为社会福利思想提供了的制度基础。因此，西方社会福利思想的演进一定程度上得益于经济学的发展。

在资本主义的萌芽阶段，社会生产力的发展使得经济在社会生活中的地位迅速崛起，民众的个人意识也在社会思想解放浪潮中不断得以加强。尽管不同国家因由所处经济发展阶段不同，但这一时期主流的社会福利思想在于个人和社会财富的创造。在 18世纪中后期逐渐形成的自由主义思想作用下，通过市场机制提高效率、创造财富成为资本主义社会的主流思想，这集中体现在亚当·斯密所开创的古典经济学之中。在其理论中，市场机制可以引导资源实现合理配置，以及社会财富的公平分配，从而实现个人利益和社会利益的统一。事实上，经济学脱胎于哲学，新古典经济学的理论一定程度上是建立在边沁功利主义哲学基础上的。[①] 同时，这一时期的社会福利思想也强调个人在创造自身财富方面的责任，从而贫穷更多地被视为个人问题、而非社会问题。

在工业革命的推动下，资本主义进入繁荣发展时期。曾经崇尚自由主义的经济理论也在发生悄然变化。在结合功利主义哲学和政治经济学的基础上，詹姆斯·穆勒指出资产阶级追求其利益

---

① 边沁将哈奇森"给最大多数人带来最大幸福的行为是最好的行为"的观点作为功利主义基本原则，从而认为如果每个人都能追求个人幸福，那么最大多数人的幸福就会自然地实现。

的行为没有给以工人为主体的大多数人带来幸福。进而在经济学研究中出现了既坚持功利主义实行自由放任，又采取一些政府干预来缓解财富分配不公导致的社会矛盾的观点。约翰·穆勒和马歇尔都曾试图找到一种两者兼顾的方法，但却并没有得到实质性的突破。由此可见，这一时期的社会福利思想已经开始从关注个人和社会财富的创造，逐渐转向社会财富的公平分配。以追求集体利益为目标的社会主义理念也在此背景下得以产生。同时，在历史学派的影响下，德国建立了社会保险制度，从而明确了国家在社会福利方面的主体责任，政府也被纳入经济利益的分配领域。

在20世纪上半叶，利益分配问题不断地冲击着资本主义世界。这一时期，资本主义发展到垄断阶段，基于自由主义的市场机制在财富分配方面的作用消失殆尽。面对日益严峻的分配难题，社会福利思想在许多方面取得了发展。其一，庇古开创了福利经济学，并从传统经济学中分离出来。他为社会福利构建了以经济福利为基础的分析框架，并将财富分配问题置于中心地位，进而提出了财富从富人到穷人转移可以提高社会总福利的观点。其二，凯恩斯将政府引入传统经济学的分析框架。他指出通过提高政府财政在社会保障等方面的支出，可以提高有效需求，进而促进经济增长。其三，福利国家理论的出现。由瑞典学派提出的福利国家理论的核心思想是：资本主义一切国家都应该是福利国家，以福利国家为重要目标；福利国家的目的是全体人民都享有福利；实现福利国家必须以国家的财政手段作为保障。福利国家主张政治上调和、经济上混合和分配均等化，并在欧洲一些国家开始了实践。

第二次世界大战结束以后，资本主义经历战后恢复，又进入深度调整阶段。在此时期，社会福利思想逐渐趋于稳定，内涵也在不断完善。许多福利国家建立起包括养老保险、医疗保险、失业保险等社会保障制度,这些做法迅速从欧洲国家向全世界范围展开,并取得了一定的成效。在自由放任资本主义和传统社会主义中间的"第三条道路"等理论开始出现,它既不主张纯粹的自由市场机制,也不主张纯粹的高福利社会。目前,西方福利社会思想呈现出多样化与折中趋同并存的发展局面。

2.1.3 马克思主义"人的全面发展"思想

对民生问题的关注和思考没有地域和时间上的限制。马克思主义对这一问题的研究体现在对人的生存问题和生活问题的关注上。在《资本论》中,马克思从工人阶级生活现状出发,在物质生产、精神生产、人类自身生产、社会再生产等方面对资本主义社会工人阶级的生活现状进行考察,深刻揭示了资本主义的基本矛盾、资本主义剥削的实质以及资本主义发展的必然趋势,使无产阶级充分认识到"自为存在的资本"与"自为存在的劳动"之间的矛盾是无法调和的。对这些问题的研究,体现出马克思深切关注和同情工人阶级和劳苦大众的现实生活境遇。

马克思主义肯定了人的需要。人类社会发展的历史在一定程度上就是人不断改造自然、不断适应自然、不断满足自身生存和发展的历史。因此,人的需要及其实现过程是理论研究的现实基础。马克思指出:"我们的出发点是从事实际活动的人。"[1] 他的劳动价值论、剩余价值论等理论都是与无产阶级的基本需求、根本利益

---

① 马克思,恩格斯. 马克思恩格斯选集: 第1卷[M]. 北京: 人民出版社,1995: 73.

密不可分。马克思认为人的需要是人的本质,是与生俱来的人的内在规定性,"人们奋斗所争取的一切,都同他们的利益有关"①。作为有生命活动的社会存在物,人的需要包含衣食住行等基本的生存需要,以及在满足生存需要基础上的教育、文化等生活需要。

与此同时,马克思也指出:"人的本质并不是单个人所固有的抽象物。在其现实性上,它是一切社会关系的总和。"② 因此,作为人的本质的需要,也具有一定社会性,它也是社会需要,正如马克思所说"把人和社会连接起来的唯一纽带是天然必然性,是需要和私人利益"③。在《德意志意识形态》一书中,马克思和恩格斯对人的需要进行了更为全面、系统的阐述,他们认为"为了生活,首先需要衣、食、住以及其他东西。因此第一个历史活动就是生产满足这些需要的资料,即生产物质生活本身"④。由此可见,人的需要的无限增长与具体生产的有限能力的矛盾运动推动了社会发展。

在满足基本生活需要之后,社会公众开始逐渐关注社会公平等问题。当物质财富创造出来以后,只有公平公正地将其分配给民众,才能实现真正意义上的对劳动的尊重。马克思认为,分配上的公正公平属于历史的范畴,不同历史时期的分配方式是否公平公正,关键在于在这个时期的分配方式与生产力决定的生产关系和生产方式是否相适应。马克思指出,资本主义社会的分配并不具有公平性,"工人生产的财富越多,他的产品的力量和数量越大,

---

①　马克思, 恩格斯. 马克思恩格斯全集: 第 1 卷 [M]. 北京: 人民出版社, 2012: 82.
②　马克思, 恩格斯. 马克思恩格斯选集: 第 1 卷 [M]. 北京: 人民出版社, 1995: 56.
③　马克思, 恩格斯. 马克思恩格斯全集: 第 1 卷 [M]. 北京: 人民出版社, 2012:439.
④　马克思, 恩格斯. 马克思恩格斯全集: 第 3 卷 [M]. 北京: 人民出版社, 2012: 31.

他就越贫穷。工人创造的商品越多，他就越变成廉价的商品"①。同时，马克思指出，分配的公平公正是相对的，国家有义务为社会成员提供公共福利，因此有必要建立社会再分配制度和保障制度。马克思批判了资本主义制度的虚假公平性，并认为只有在消灭雇佣劳动制度的共产主义社会才能真正实现公正公平。

马克思主义对民众生活问题的研究也上升到人的发展层面，这集中体现在马克思主义的"人的全面发展"思想之中。马克思从人的自然属性、社会属性和整体属性的角度，对人的本质属性进行深入思考，进而批判资本主义社会的异化现象。马克思辩证地看待人的需要，他认为随着社会的发展，人的需要也在不断地变化，直接需要会变成更高层次的间接需要，"已经得到满足的第一个需要本身、满足需要的活动和已经获得的为满足需要而用的工具又引起新的需要"②。因此，在公众的基本生活需求得到满足、享有公平公正的权益得到满足后，社会存在和发展的最终目的就在于人的全面发展。对此，马克思指出"每个人的自由发展是一切人的自由发展的条件"③。

具体来说，马克思从人的能力的全面发展、人的自由发展和人的社会关系的全面发展三个方面，阐述了"人的全面发展"思想。首先，从人的能力的全面发展角度看，马克思认为"人的全面发展"在于人的体力和脑力的协调发展，是个体面对社会需求和个人

---

① 马克思, 恩格斯. 马克思恩格斯全集: 第 42 卷 [M]. 北京: 人民出版社, 2012: 90.

② 马克思, 恩格斯. 马克思恩格斯选集: 第 1 卷 [M]. 北京: 人民出版社, 1995: 159.

③ 同上书: 273.

能力选择适合的工作,全面发挥自身的能力。其次,从人的自由发展角度看,马克思在《1857—1858 年经济学手稿》中指出:"建立在个人全面发展和他们的共同的、社会的生产能力成为从属于他们的社会财富这一基础上的自由个性"①,这也是共产主义社会的特征。最后,从人的社会关系全面发展角度看,马克思认为:"个人的全面性不是想象的或设想的全面性,而是他的现实关系和观念关系的全面性。"② 可见,人的社会关系的全面发展,要求人、自然、社会等主体形成的各种关系协调发展。同时,人的全面发展不是一成不变的,而是一个动态调整的过程。

马克思主义也将人的发展与实现社会进步结合起来。人是社会存在物,人的本质是社会关系的总和。人的自身发展离不开在日常生活与交往中会形成各种各样的社会关系。人的社会属性使得人们的生活也具有社会性,它是个人与社会的统一。马克思主义将个人发展和社会进步两个方面结合起来进行分析,是对个人主义、社群主义和国家主义的观点的一种超越。马克思认为,离开了社会条件和社会关系,人不可能有所发展,个人的生存状况和发展程度受社会关系的直接影响。同样,社会发展也离不开人的活动,个人发展和社会发展具有统一性,个人的需求得以满足并进行更高一级的追求,都会推动社会的进步。

---

① 马克思,恩格斯. 马克思恩格斯全集:第 3 卷 [M]. 北京:人民出版社,2012:107.

② 马克思,恩格斯. 马克思恩格斯全集:第 46 卷 [M]. 北京:人民出版社,2012:36.

2.1.4　以人为本的发展理念

中华人民共和国成立后，在国家经济恢复和社会主义建设进程中，党和政府秉承"全心全意为人民服务"的宗旨，始终把解决民生问题放在重要位置。以毛泽东为代表的第一代中国领导集体对民生问题高度重视。在《论联合政府》报告中，毛泽东指出"共产党人的一切言论行动，必须以合乎最广大人民群众的最大利益，为最广大人民群众所拥护为最高标准"[①]。他明确指出中国共产党就是要着力解决民生问题、改善人民生活，"为民族独立、民权自由、民生幸福这三大目标而奋斗"[②]。在中华人民共和国成立初期，毛泽东非常重视基本的民生问题，主张合理地处理好农、轻、重三者之间的关系。毛泽东认为社会主义道路是改善民生问题的正确方向，并强调了对农业的社会主义改造的必要性。他指出，集中国家力量进行农业振兴、集中共同力量兴建农业基础设施、通过农业机械化提高农业产量等只有在社会主义制度下才能够实现。同时，毛泽东也认为解决民生问题的关键在于大力发展社会生产力，国家物质财富的创造能力由社会生产力的水平来决定，工业的社会主义改造可以为民生改善提供物质基础。此外，在教育、医疗、土地等制度层面的相应改革，也为解决当时的社会民生问题发挥了积极作用。

党的十一届三中全会以后，邓小平提出要建立中国特色社会主义理论，并在实践中不断摸索民生问题的解决之道。邓小平同

---

① 毛泽东. 毛泽东选集：第3卷 [M]. 北京：人民出版社, 1991：1096.
② 毛泽东. 毛泽东选集：第1卷 [M]. 北京：人民出版社, 1991：259.

样关心最基本的民生问题，他指出，"不管天下发生什么事，只要人民吃饱肚子，一切就好办了"①。他也清醒地认识到"中国解决所有问题的关键是要靠自己的发展"②。此后，随着党和国家将工作中心逐渐转移到经济建设上，中国经济开始进入快速增长的阶段，并为保障和改善民生奠定了坚实的物质基础。同时，邓小平也为中国经济建设设定了"三步走"的总体战略部署。党的十四大报告中明确提出"十一亿人民的温饱问题基本解决，正在向小康迈进"③。全面建设小康社会的提出，不仅深化了中国特色社会主义理论下的民生内涵，也使改善民生的战略目标进一步明确。

2003 年，党的十六届三中全会通过的《中共中央关于完善社会主义市场经济体制若干问题的决定》，明确提出了"坚持以人为本，树立全面、协调、可持续的发展观，促进经济社会和人的全面发展"④。这是"以人为本"发展理念的首次提出。党的十七大报告进一步明确指出科学发展观的核心是"以人为本"，同时将"加快推进以改善民生为重点的社会建设"列为重点内容，首次全面和系统地提出了改善民生的基本理念：要在发展经济的基础上更加关注社会建设，着力保障和改善民生，努力使人民群众学有所教、劳有所得、病有所医、老有所养、住有所居。2012 年，党的十八大报告也高度关注民生问题，并提出"在改善民生和创新社会管理中加强社会建设"。报告指出，要以保障民生和改善民生为重点工作，切实解决好人民群众最关心最直接最现实的利益问题，努力让

---

① 邓小平. 邓小平文选：第 2 卷 [M]. 北京：人民出版社，1994：406.
② 邓小平. 邓小平文选：第 3 卷 [M]. 北京：人民出版社，1994：265.
③ 江泽民. 江泽民文选：第 1 卷 [M]. 北京：人民出版社，2006：210-211.
④ 中共中央关于完善社会主义市场经济体制若干问题的决定 [M]. 北京：人民出版社，2003：2.

人民群众过上更好的生活。

党的十八大以来,习近平多次强调保障和改善民生。他指出,党和政府做一切工作的出发点、落脚点都是让人民过上好日子。由此可见,保障和改善民生是实现以国家富强、民族振兴、人民幸福为主要内容的"中国梦"的必然要求和终极目标。2015年,党的十八届五中全会提出了"共享发展"理念。全会审议通过的《中共中央关于制定国民经济和社会发展第十三个五年规划的建议》指出,"共享是中国特色社会主义的本质要求……必须坚持发展为了人民、发展依靠人民、发展成果由人民共享,作出更有效的制度安排,使全体人民在共建共享发展中有更多获得感"[①]。共享发展是"以人为本"执政理念的新发展,强调政治、经济、社会、文化以及生态发展成果的全面共享,充分体现人民在历史发展中的推动作用,彰显了我国经济社会发展的民生导向。

改革开放以来,中国经济实现了长期快速增长,人民群众物质生活水平得到极大改善。特别是近10年来,面对中国经济社会发展中不断凸显的民生问题,党和国家领导人深入思考并积极实践,逐渐形成了以人为本的发展理念,并在实践上取得了丰硕的成果。目前,我国部分民生领域的突出问题得到缓解,一些重点民生领域的改革正在以人为本的发展理念的指引下稳步推进。

---

① 中共中央关于制定国民经济和社会发展第十三个五年规划的建议[M].北京:人民出版社,2015:12.

2.2　财政支出相关理论研究回顾

2.2.1　财政支出职能的研究

财政支出理论是伴随着资本主义发展而产生的,并为资本主义国家的经济性职能和政治性职能提供了理论依据。从历史上看,古典经济学的代表人物威廉·配第、亚当·斯密和大卫·李嘉图等都对财政支出理论做出了研究。威廉·配第将资本主义经济的研究从流通领域扩展到生产领域,他认为劳动和土地是财富的本源,并且最先提出了劳动价值论。在《赋税论》中,他根据政府职能需要对财政支出进行了详细描述,进而明确了财政支出的范围,具体包括军事、宗教、学校、行政、公共福利等费用,他认为财政支出应该以提高国家生产力和振兴产业为目标。亚当·斯密认为,政府活动是一种非生产性活动,并不能直接创造物质财富,国家为了实现其职能必然会对物质产品进行消耗,从而造成社会财富的浪费,对资本积累和国民经济增长造成了很大的阻力,所以政府应该扮演"守夜人"的角色,将自己的职能尽量缩小,这就要求财政支出要压缩到最低限度,并主要用于国防费、司法费、建设费、君主维持生计费等。大卫·李嘉图在《政治经济学及赋税原理》一书中对财政支出思想有具体概括,他主张经济自由,反对政府干预,把国家经费全部或几乎全部看作非生产性消费,国家财政支出应该尽量减少,认为减轻税赋负担,减少国家经费支出,可以促进经济增长。

马克思主义政治经济学在研究人类社会发展一般规律基础上，揭示了财政的本质以及财政支出的运行规律。马克思在再生产理论中对社会总资本再生产的实现条件和形式进行了研究，这也为财政支出分配奠定了理论基础。马克思的再生产理论包括如下几个方面：第一，生产、分配、交换和消费是社会再生产实现的具体环节，各个环节是相互联系、相互影响和相互制约的，它们之间存在辩证统一的关系，使得社会再生产能够成为一个统一的有机整体。在这个整体中，生产对分配、交换和消费起决定作用，同时分配、交换和消费又可以对生产起到促进作用。第二，社会总产品的构成通过实物和价值进行揭示，成为社会再生产的理论前提。从物质方面将社会总产品分为生产资料和消费资料两部分，同时把社会生产也分为进行生产生产资料的第一部类和进行生产消费资料的第二部类。从价值形态方面将社会总产品分为不变资本、可变资本与剩余价值。第三，确定社会再生产的核心问题为社会总产品怎样从价值和实物两个方面同时得到补偿，只有社会总产品同时实现价值补偿和实物补偿，社会再生产才不会停止，缺少任一个补偿，社会再生产都不会顺利进行。第四，将社会再生产分为简单再生产与扩大再生产，并对实现条件进行了具体的分析。此外，马克思在《哥达纲领批判》中提出了"社会扣除理论"，指出财政支出分配顺序与原则，对社会总产品分配的内部结构进行说明，要求社会总产品在进行分配时，要同时满足社会再生产与社会共同消费的需要，这样可以有效推动社会的进步。

凯恩斯学派的财政支出理论主要是应对资本主义经济危机而产生。凯恩斯认为有效需求不足是经济危机和失业的根本原因，有效需求不足是由边际消费倾向递减、边际资本效率递减以及流动偏好等引起的,所以仅仅依靠市场机制无法解决所面临的经济问题,需要政府进行干预。他认为,政府干预能够通过引导社会与投资倾向扩大社会有效需求,最有效的办法是在通过社会控制投资量以降低资本的边际效率的同时,利用政府政策以增加消费。在凯恩斯看来,国家主要运用财政政策和货币金融政策对国家经济进行干预,起主要作用的是财政政策,主要表现为直接作用,货币政策配合财政政策,是通过利息率起到间接作用。萨缪尔森提出了"混合经济理论",他认为资本主义经济是一种私人经济与政府经济活动并存的混合经济,不是任何一种单纯的经济形式。关于财政支出政策,首先政府应该扩大耐久性的公共工程投资,这种财政支出相比于政府的一般支出对经济增长具有更大的作用;其次,政府应该增加福利支出,福利支出可以作为稳定经济的重要手段;最后,政府应该扩大基础理论和应用科学的研究与开发方面的直接投资,并且在教育和劳务培训方面增加财政支出。可见,凯恩斯学派强调国家对经济的干预和控制,将财政支出政策作为国家经济调控的重要手段。

此外,货币学派和供给学派也对财政支出理论做出了一定研究。其中,货币学派除了阐明货币在经济增长的重要作用,也涉及财政支出理论。弗里德曼认为资本主义经济是一种具有稳定性的经济,他反对凯恩斯学派主张政府干预经济的做法。他认为,实际经济增长基本上是由私人部门造成,政府可能干预、但不能造成经济增长,原因在于政府不可能精确地调节经济。特别是在用扩大财政支出缓解失业时,政府干预政策往往造成了经济在短期中的不稳定。供给学派是应对资本主义国家经济陷入滞胀困境而产生的。该学派认为,仅仅通过刺激总需求的方式来实现经济增长是徒劳的,原因在于这种做法忽视了劳动、生产、储蓄、投资等供给因素。因此,需要通过减税来促使供给的增加,这也意味着政府需要减少社会福利方面的财政支出。

2.2.2　财政支出规模与结构的研究

在财政支出规模研究方面,古典经济学的代表人物亚当·斯密提倡经济自由,不主张政府干预,认为政府应该是支出节俭的"廉价政府",对政府财政支出规模应该有所限制。他在《国富论》中指出,通过税收政府获得开展活动的成本与提供公共产品和服务的产出之间应该既体现合理性又体现效率性,即政府应该以最小的成本管理公共事务。"廉价政府"重点强调的是成本,即政府在提供公共产品或服务时应该采用最精简的机构和最小的财政支出达到此目标。瓦格纳根据19世纪末英、美、法等国家的工业发展状况,从政治和经济两方面对公共财政支出规模不断扩大的原因进行分析,结果发现国家工业化经济的发展与同期的财政支出并不存在关系,而是财政支出占国民生产总值的比重能够正向影响人均国民生产总值。凯恩斯认为财政支出规模的确定应该以有效需求为基础,只有在总需求与总供给达到均衡时,财政支出规模才处于合理状态。凯恩斯提倡政府干预,主张政府采取扩张性财政政策,增加财政支出以刺激需求,要使消费倾向与投资引诱彼此相互适应,政府机能就应该扩大。布坎南依托于政治程序,对财政支出规模的决定和形成过程进行论证,认为政治决策过程能够正向影响财政支出。萨缪尔森则借助局部均衡模型分析财政支出规模,认为提供公共产品达到最优水平需要合理的财政支出规模。

在财政支出结构方面,威廉·配第最早对财政支出结构问题进行研究。他在《赋税论》中指出根据政府的职能,财政支出的范围应该有所限定,他对国防支出、教育支出、行政支出、公共事业支出、宗教事务支出、贫民救济支出等公共支出进行分析,认为财政支出应该以提高国家生产力和振兴产业为目标,减少国防支出、行政支出、宗教事务支出、教育支出,增加公共事业支出和贫民救济支出。在 19 世纪末,马费奥·潘塔莱奥尼提出不同的财政支出项目的分配标准为边际效用,将边际效用引入公共分析。此后,学者们对财政支出结构的研究都是在威廉·配第和马费奥·潘塔莱奥尼的基础上进行的。Joyce 和 Mullins（1991）以税收和财政支出限制为影响因素研究国家和地区公共部门财政结构的变化,结果发现除了公共福利支出,国家层面的税收和财政支出的限制对地方政府部门财政支出结构几乎没有影响。Mullins 和 Joyce（1996）实证研究了国家和地方财政支出结构的影响因素,在 20 世纪 70 年代到 80 年代,地方和国家层面的财政不断寻求税收和财政支出的一种平衡,税收和财政支出的限制容易导致集权,应该增加地方税收收入来源,以适应不断增长的人口,财政支出结构可能影响公平和资源配置效率。Hendrick 和 Crawford（2014）研究地方财政政策和财政支出结构,采用 1997—2009 年的芝加哥地区的面板数据,结果发现严格的财政政策可能导致不合理的财政支出结构。Carr 和 Karuppusamy（2010）、Charpe 等（2011）、Grubb（2016）等分别从不同角度对财政支出结构进行了相关研究。

以公共选择学派的兴起和发展为标志,越来越多的经济学家倾向于认为供给、需求以及经济增长等因素能够对财政支出产生重要的影响。关于供给因素,Baumol（1967）认为政府部门属于服务密集型部门,在这些部门中技术进步对生产率的影响较弱,生产率发展水平较低,公共部门的低平均劳动生产率导致公共财政支出增加。只有在增加政府财政支出的条件下,具有不同生产率的部门才能实现均衡增长,各部门之间的工资水平也能实现同步,政府公共部门财政支出增加必然导致整体经济增长率降低,生产率偏低的政府部门的规模会越来越大,社会整体福利降低,社会整体负担加重,政府成本的上升使公共财政支出加快增长。在需求因素方面,根据瓦格纳法则可知:多数公共产品的需求收入弹性一般较高,并且是为正的弹性。由此,人们对公共产品的需求会随着经济的发展而不断提高,其增长速度会超过人均收入的增长速度,这种快速增长的需求不断推动公共部门规模的扩张。Holsey和 Borcherding(1997)认为被抚养人口的比例能够正向影响财政支出规模,即被抚养人口的比例增加,财政支出规模也增加。关于经济增长因素,Lindauer 和 Mundial(1988)认为对于发展中国家,发展经济、进行宏观调控、实现合理的再次分配以及平衡经济增长等都是以公共部门扩张为前提的。

2.2.3　财政支出与经济增长关系的研究

政府财政支出作为宏观调控的重要工具,国外学者更多地把目光聚焦于财政支出的经济增长效应方面,并取得了丰硕的理论和实证成果,这些成果为国内研究相关问题提供了很多帮助。Arrow 和 Kurz(1970)最早将财政支出作为外生变量纳入生产函数研究财政支出与经济增长之间的关系,认为财政支出对经济增长不会产生影响。Barro(1990)首次将财政支出作为内生变量纳入 C-D 生产函数进行研究,他认为短期内财政支出的增加能促进经济增长,在长期内则会阻碍经济增长。后续的研究都是在他们的基础上进行的,但是并没有得出一致的结论。大体上讲,国外学者关于财政支出的经济增长效应的研究主要得出政府财政支出与经济增长之间表现为正向相关关系、政府财政支出与经济增长不存在相关性、政府财政支出与经济增长之间表现为负向相关关系三种结论。

第一种观点是政府财政支出与经济增长之间表现为正向相关关系。持有这种观点的学者认为,政府在公共产品或是准公共产品方面的投资产生的社会效益要大于经济效益,如果仅靠私人投资,那么投资会表现得明显不足,经济增长缺乏动力,此时只有政府增加投资才能推动经济增长。早在内生经济增长理论出现之前,Ram(1986)以 115 个国家的 1960—1980 年的数据为研究样本,分析了政府财政支出规模对经济增长的影响,结果发现财政支出规模对经济增长具有显著的正向作用,这种作用在低收入国家表现得更为明显。Grossman 和 Hart(1988)以澳大利亚为研究样本,研究财政支出与经济增长的关系,结果发现财政支出能够促进经济增长,具体表现为财政支出增加 1% 会使经济增长增加 5%。Devarajan、Swaroop 和 Zou(1996)以 1970—1990 年 43 个国家的数据为样本数据,结果发现财政支出规模对实际 GDP 的增长率具有正向影响,具体为财政支出占 GDP 的比重能够正向影响人均实际 GDP 的 5 年移动平均增长率。Miller 和 Russek(1997)以 39 个国家 1975—1984 年的数据为样本,研究结果表明财政支出对经济增长产生的影响与财政资金的来源有关,通过税收获得的财政支出能够推动经济增长。还有一些学者,如 Al-Faris(2002),Romp 和 De Hann(2007),

Shahbaz、Khan 和 Tahir（2013），Dellepiane-Avellaneda（2015）等也得出过财政支出对经济增长具有促进作用的结论。

第二种观点是政府财政支出与经济增长不存在相关性。Gemmell（1983）对发达国家和欠发达国家的数据进行分析，没能发现政策财政支出与经济增长存在一定关系，二者不具有相关性。Kormendi 和 Meguire（1985）以第二次世界大战后 47 个国家为研究对象，研究经济增长的宏观决定因素，结果没有发现财政支出能够推动或阻碍经济增长。Conte 和 Darrat（1988）检验了经合组织成员的财政支出增长与实际经济增长之间的因果关系，结果发现对于大多数的经合组织成员来说，财政支出对实际经济增长率没有明显的影响，只有对少数成员能够起到了积极的作用。Thornton（2007）以经合组织的 19 个成员为研究对象，研究了财政分权和经济增长之间的关系，结果表明当财政分权过于松散时，财政支出对经济增长没有显著的影响。Cochrane（2011）、DeLong 和 Summers（2012）、Summers（2014）等学者在研究过程中，从不同角度论证了政府财政支出与经济增长不存在相关性的观点。

第三种观点是政府财政支出与经济增长之间表现为负向相关关系。Alchian 和 Demsetz（1972）通过理论对政府部门和私人部门之间的生产效率进行比较分析，他们认为政府部门相比于私人部门更加缺少获取利润的动机，竞争压力也较弱，这就使得政府部门在经济活动中占有更高的比重，同时政府部门的人力资本、物质资本以及技术所产生的平均收益也在下降，这必然导致人力资本、物质资本以及技术积累速度不断下降，不利于经济增长。Karras（1993）以 37 个国家 30 年的数据为研究对象，分析了财政支出与经济增长之间的关系，得出财政支出对经济增长具有负向影响。

Dar 和 AmirKhalkhali（2002）利用经合组织 19 个成员 1971—1999 年的数据分析了财政支出与经济增长的关系，结果表明财政支出的增加对税负、市场的激励、资本的积累等具有负面影响，这必然会阻碍经济的发展。Hernández de Cos 和 Moral-Benito（2013）以经合组织成员的面板数据为研究样本，考察政府财政政策的宏观经济后果，结果表明产出增加可能引起财政紧缩，一旦影响经济增长的财政政策进行调整，财政政策的扩张性效应就会消失，但是在短期内政府财政支出对经济增长存在负面效应。Teles 和 Mussolini（2014）利用内生经济增长理论模型研究公共债务占 GDP 的比例对经济增长的影响，结果发现二者之间存在负向相关关系，即公共债务占 GDP 的比例越高经济增长程度越低。Uppal 和 Glazer（2015）以美国各州数据为研究样本，研究立法、财政政策与经济增长之间的关系，发现增加财政支出的州政府，在立法方面可能更为严格，严格的立法在长期来看会使财政支出阻碍经济增长。

2.2.4　财政支出与主要经济目标关系的研究

关于就业方面的研究。学者们主要得出财政支出能够促进就业、财政支出阻碍就业以及财政支出对就业无影响三种结论。Christopoulos 和 Tsionas（2004）对欧洲 10 个国家进行研究，认为增加财政支出在长期内能够促进就业率的增长。Bairam 和 Dempster（1991）使用极大似然估计法研究财政支出与就业之间的关系，结果发现财政支出使就业弹性呈现下降趋势。Molana 和 Moutos（1992）对税收、不完全竞争和平衡预算进行研究，他认为当税收和平衡预算有利于资源配置时，财政支出对就业没有影响。

关于教育方面的研究。从 20 世纪 60 年代起,对美国、苏联以及英国等国家教育方面财政支出总量、溢出效应以及结构等进行研究,并且取得了丰富的研究成果。Herbertsson（2003）以北欧五国为研究对象,采用实证分析方法研究在校教育、工作时间、物质资本以及全要素生产率对经济发展的作用,结果发现教育在经济增长中的贡献范围在 12%—33%。Romer（1990）认为教育不但能够使劳动力获取更多的知识,也能够增强其吸收和应用发达国家新技术的能力,国内的创新能力也在不断提高。Heckman（2005）对中国人力资本的情况进行调查,发现城乡教育投资差别很大,政府应该加大农村教育经费的投资以满足农村经济对教育的需求,提升人力资本能力。

关于养老方面的研究。20 世纪 80 年代以来,世界各国普遍面临着人口老龄化问题,养老保险也成为各国政府财政支出的重要领域。Holzmann、Hinz 和 Dorfman（2008）认为在养老保险制度改革中,政府要承担起长期的信用责任,增强其行政执行能力,确保改革的顺利进行。

关于医疗方面的研究。财政支出的一项重要公共产品就是医疗卫生,医疗卫生的总量及其效率对社会稳定、改善民生方面具有重要作用,国外学者对财政医疗卫生的研究主要财政支出规模与结构两个方面进行,通过分析社会需求和制度等来探索医疗卫生财政支出的规律以及变化趋势。Tanzi 和 Schuknecht（2000）认为公众对公共产品及公共服务的需求随着城镇化的发展不断提高,其中医疗卫生服务需求增长最为迅速。

关于环境保护方面的研究。环境保护方面的财政支出主要是政府为解决各类环境问题进行的财政资金投入,主要包括环境

保护消费性支出、投资性支出以及转移支付等。Murgai、Ali 和
Byerlee（2001）认为政府应该以税收或其他方式将环境污染的治
理成本体现到产品价格中，以保证政府有充足资金进行环境保护
方面的财政支出。

2.3　民生财政支出相关理论研究回顾

2.3.1　民生财政概念范畴的研究

作为具有中国特色的学术概念，民生性财政的出现与我国的
传统文化思想和当代民生实践有着密切联系。民生性财政词义的
核心在于民生。在一般意义上，"民生"一词的本意是指人民生活，
国内通译为"People's Livelihood"。应该看到，"民生"在中国传
统治国理念中居于重要地位，它与"国计"相提并论，进而合成为
熟知的成语"国计民生"。同时，重视民生问题也是中国传统民本
思想的集中体现。在近现代，孙中山先生提出的"三民主义"中也
重点强调了"民生"，他解释道，"可说民生就是人民的生活——
社会的生存、国民的生计、群众的生命便是"[①]。可见，"民生"在
我国传统文化思想的重要性，关注"民生"也意味着统治者的内省
和民众的期待。

民生财政是在我国解决民生问题过程中出现的新生事物，它
也是我国经济社会发展到一定历史阶段的产物。中华人民共和国

---

① 孙中山. 孙中山选集 [M]. 北京：人民出版社，1981：802.

成立后，党和政府秉承"全心全意为人民服务"的宗旨，始终把解决民生问题放在重要位置。特别是近30多年来，中国经济实现了长期快速增长，国家综合实力得到明显提升，人民生活水平得到极大改善。与此同时，中国经济社会发展中的一些问题也暴露出来，突出表现在收入差距大、就业难、看病难、住房困难、教育不公等民生领域。面对新的形势，党和政府及时调整了国家发展战略，将民生问题放在更加突出的位置加以解决。2003年，党的十六届三中全会提出"坚持以人为本，树立全面、协调、可持续的发展观，促进经济社会和人的全面发展"。"以人为本"的执政理念由此产生。2006年，国务院政府工作报告中首次提出"统筹兼顾，关注民生……让全体人民共享改革发展成果"。此后历年的政府工作报告都把民生建设列为重要内容，政府财政支出明确地向民生领域倾斜，充分体现人本理念的民生财政概念也逐渐在新闻报道、学术成果、政府公文中正式出现。

丰富的民生实践在解决民生实际问题的同时，也催生出具有中国特色的民生财政理论。目前，民生财政的理论研究也已逐渐成为国内经济学界研究的热点之一，但民生财政的概念还没有形成公认的一致性解释，国内学术界对民生财政概念界定的主要观点有如下几种。

第一种观点是基于既有概念，从公共财政与民生财政关系出发给出民生财政的定义。这种观点认为，民生财政是以公共财政为制度基础（张馨，2009），因其向民生领域倾斜而具有特殊的内涵（魏立萍、刘晔，2008；杨志安、闫婷，2012），是公共财政改革演进的新实践（王雪珍，2009），它是"窄口径"的公共财政（马海涛、和立道，2010），在本质上就是公共财政（贾康、梁季、张立承，

2011；王宁涛，2011）。

第二种观点是基于民生实践，从财政支出结构角度给出的民生财政的定义。这种观点认为，在政府财政支出中，社会保障、就业、教育、医疗卫生、环境保护等民生领域的支出已经占据较高比重，甚至已经处于主导地位，这些财政支出分项的总和即为民生财政（安体富，2008；傅道忠，2009；郑明彩，2009；嵇明，2011；陈少晖、朱珍，2012）。

第三种观点是基于人本理念，通过明晰财政目标进而给出了民生财政的概念。此种观点认为，民生财政体现了财政决策的民生导向（高培勇，2008），它通过民主决策机制（乔新生，2008；潘洪其，2008），以实现社会总福利的增加和基本公共服务的均等化为目标（郝硕博、李上炸，2009；李塔娜，2010），其本质是人本财政（刘尚希，2008）。

上述关于民生财政概念的争论是民生财政理论研究尚处于初创阶段的一种体现，其根本原因是民生财政的概念是在我国民生实践过程中产生的，从行政词汇到学术术语的转化需要经历一定时间的理论探索。

2.3.2　民生财政的政治经济学解读

尽管在民生财政概念界定上存在一定的争议，但是研究者都肯定了民生财政是我国经济社会发展到一定历史阶段特别是在近些年民生实践的产物。事实上，关于财政问题的讨论经历过 20 世纪 60 年代和 90 年代两次研究高潮：第一次研究高峰是在计划经济条件下探讨财政的本质属性和主要职能；第二次研究高峰是在市场经济条件下，特别是在西方公共财政理论引入国内的背景下，针对财政的属性、作用、内容以及实现路径方面的讨论。两次研究高峰的侧重点略有不同，前者主要针对财政的特殊性，后者主要针对财政的一般性。

本书认为，民生财政概念的明晰应该将财政的特殊性和一般性结合起来，既要考虑我国作为社会主义国家对财政在目的层面的要求，也要考虑在社会主义市场经济条件下对财政在运行层面的要求。具体来说：财政的一般性在于，其本质上是以国家为主体的分配行为，这是任何社会形态的国家财政所共有的内在规律和共同特点；我国财政的特殊性在于，它是在社会主义市场经济条件下以社会主义国家为主体的分配行为，与其他国家特别是非公有制国家的财政具有显著的差异性。国家性质决定了我国财政必然是社会主义财政，它是社会再生产的有机组成部分，通过国家分配行为化解经济社会矛盾，以期实现共享发展和共同富裕的目标。因此，从这个意义上说民生财政是我国社会主义财政的重要表现形式，以人民群众的根本利益为出发点和落脚点，体现了我国作为社会主义国家的国家意志。

在充分借鉴国内学术界现有概念定义的基础上，本书给出民生财政的定义为：民生财政是马克思主义理论为指导，坚持以人为本发展理念，以公共财政为基础，面向人民群众现实需求，保障其最基本的生存和发展权益的财政。这一概念的界定需要从以下几个方面进行把握。

第一，民生财政是我国社会主义财政的具体职能。我国是以公有制为基础的社会主义国家，民生财政是我国社会主义财政的表现形式和组成部分。民生财政的目的和作用在于实现我国作为以公有制为基础的社会主义国家的基本职能,满足人民群众的现实需要,保障人民群众的根本利益,最终实现马克思所提出的"人的全面发展"。

第二,民生财政要与社会主义市场经济相适应。在社会主义市场经济条件下,让市场机制在资源配置中起决定性作用的同时,也需要更好地发挥政府的作用。面对经济发展带来的效率与公平之间的矛盾,民生财政是政府解决社会问题的重要经济手段。特别在部分公共品或准公共品领域,需要民生财政与市场机制相结合,共同发挥作用。

第三,民生财政是我国长期民生实践的产物。中华人民共和国成立以来,党和政府始终把解决民生问题放在重要位置。特别是改革开放以来,党和政府把工作中心转移到经济建设上来,大力解放和发展生产力,其目的在于满足人民日益增长的物质文化需要。国家财政在民生领域的支出是民生财政既往的表现形式。进入 21 世纪以来,党和政府坚持"以人为本"发展理念,不断加大民生财政投入,努力实现财政"取之于民,用之于民",民生财政相关理论逐渐被学界所认可。

第四,民生财政要立足我国基本国情。世界第二位的经济总量并未改变我国是发展中国家的基本国情,因此民生财政支出要量入为出、量力而行,优先保障人民群众最基本的生存和发展权益。合理确定民生财政支出的范围,切实解决人民群众最关心最直接最现实的利益问题是民生财政的生命力所在。特别是在当前国内外经济形势复杂多变、政府财政收入减缓的情况下,更应该将我国的基本国情和人民群众现实需求有机结合起来,把民生财政向基础性、普惠性、兜底性的民生领域倾斜投入。

第五，民生财政在运行层面以公共财政为基础。民生财政与公共财政既有区别，又有联系。公共财政突出特征在于公共性，它以提供公共产品和服务为方式，通过民主的预算机制，达到满足社会公共需求的目标。在财政运行层面，民生财政具有公共财政的基本性质和特点，它是公共财政的一部分，但并非全部，它直面我国经济社会发展中出现的突出矛盾和问题，关注事关人民群众最基本的生存和发展的现实需求。

第六，民生财政具有一定的历史动态性。人的全面发展不是一成不变的，而是动态调整的过程。从我国经济社会发展的历程看，社会主要矛盾是人民日益增长的美好生活需要和不平衡不充分的发展之间的矛盾。但是，随着经济社会的发展，人民群众的物质文化需要的内涵也在发生着悄然的变化。面对人民群众在不同生存和发展阶段的现实需求，民生财政需要顺应这种变化并做出适当调整。

2.3.3　民生财政支出的范围界定

在定义民生财政的基础上确定民生财政支出的范围，有助于掌握我国民生财政支出的规模、趋势、层次和结构，并利用民生财政支出数据做深入研究。明确民生财政支出的范围，需要了解人民群众现实需求以及政府对应的财政支出安排。需要指出的是，政府作为执行国家权力、管理社会公共事务的组织，制定政策的最终目的就是增进社会福祉，因而目前政府财政支出都直接、间接地服务于民生。但是，不能据此就将所有财政支出都归属于民生财政支出，这实际上将民生财政等同于公共财政，并使民生财政失去意义。

　　目前国内关于民生财政支出范围主要有以下三种划分方法：其一，民生财政支出的五层次划分。例如，根据马斯洛需求层次理论将财政支出划分为五个层次，以及"阶梯性""层级化"的五层次（邓子基、韩瑜，2008；张馨，2009；马海涛、和立道，2010）。其二，民生财政支出的三层次划分，基本按照人的生存、生活、发展三个层面展开（田波，2008；陈少英，2012）。其三，民生财政支出的两层次划分，即民生财政支出的宽窄口径（贾康、梁季、张立承，2011；嵇明，2011）。

　　民生财政支出的多层次划分方法在理论探讨中具有一定意义，但在实践中仍需要更为简洁的界定。厘清人民群众最基本的生存和发展权益的范围，才能有的放矢地发挥民生财政的功能和作用。从上述民生财政层次的划分来看，处于民生领域最低层次的财政支出，可以被视为最基本、最直接的民生财政支出，并为本书确定民生财政支出范围提供一定参考：邓子基和韩瑜（2008）认为现阶段支出重点在医疗、教育、社会保障和住房保障等方面；张馨（2009）的"阶梯性"民生财政支出中，就业、收入分配、社会保障、医疗等处于最低层次；在马海涛和和立道（2010）的"层级化"划分中，基础教育、就业与社保、医疗卫生、收入分配为最低层次的民生财政支出；田波（2008）认为生存问题是最基本的民生问题；陈少英（2012）认为基本生计包括了社会救济、义务教育、基础性公共卫生、基础性住房保障等；贾康、梁季和张立承（2011）认为保障百姓生活事项，包括教育、科技、就业、文化、住房、社会保障等是基本的民生财政支出；嵇明（2011）认为窄口径民生财政支出应该包括教育、医疗卫生、社保就业、保障性住房、文体传媒以及"三农"支出等。

在上述民生财政支出范围探讨的基础上,本书认为界定民生财政支出的范围,还应该从以下几个方面来综合考量:其一,从人民群众民生需求方面看,应该充分考虑民众的需求层次,因此民生财政支出范围应包含最基本的生计来源以及最基本的生存需要;其二,从现阶段我国民生领域主要矛盾方面看,应该抓住当前最为突出的民生焦点问题,这意味着这种现实需要民众无法独立承担,且在其个人或家庭支出中占据较大的比重;其三,从财政支出方面看,需要考虑最大化政府财政支出的经济社会效应。因此,有必要坚持准公共产品优先于公共产品的原则。原因在于,在理论上准公共产品供给应由政府和市场共同分担。民生财政支出优先提供准公共产品,可以在不增加政府财政负担的情况下,充分发挥财政"四两拨千斤"的撬动作用。

应该看到,在 2006 年国务院政府工作报告中首次明确提出关注民生问题之后,党的十七大报告首次全面、系统地提出了改善民生的基本理念与政策取向,"着力保障和改善民生",努力实现学有所教、劳有所得、病有所医、老有所养、住有所居。根据这一系列文件精神,本书认为将民生财政支出的范围确定为教育、就业、医疗卫生、社会保障、住房保障五项内容较为合适。上述五项民生财政支出在财政支出中对应为教育、社会保障和就业、医疗卫生与计划生育、住房保障四项一般公共预算支出①,并与财政部统计

---

① 国家统计局公共财政支出包括一般公共服务支出、外交支出、国防支出、公共安全支出、教育支出、科学技术支出、文化体育与传媒支出、社会保障和就业支出、医疗卫生与计划生育支出、节能环保支出、城乡社区支出、农林水支出、交通运输支出、资源勘探信息等支出、商业服务业等支出、金融支出、援助其他地区支出、国土海洋气象支出、住房保障支出、粮油物资储备支出、政府债务付息支出和其他支出。

口径中的"与民生直接相关的支出"基本一致。①

2.3.4 民生财政支出的实证研究

（一）民生财政支出与经济增长关系的研究

国内学者大多使用线性模型实证研究财政整体规模或结构对经济增长的影响，主要以马树才和孙长清（2005）、计志英（2006）、周波（2007）等为代表。他们得出的结论基本一致，认为具有生产性质的财政支出对经济增长具有正向的推动作用，当具有消费性质的财政支出过大时，则会阻碍经济增长，所以公共财政支出中的各项支出会因自身性质不同对经济增长产生不同的效应，可以通过优化财政支出结构以促进经济增长。从非线性的角度实证研究民生财政支出对经济增长的文献相对较少，比较有代表性的有李村璞、赵守国和何静（2010）基于 STR 模型使用我国 1979—2008 年的时间序列数据，具体检验了我国整体性财政支出、消费性财政支出以及投资性财政支出对我国经济增长的影响，这种影响具有长期动态性。研究结果认为，整体性财政支出、消费性财政支出和投资性财政支出增长率在一定范围内才能促进经济增长，否则会阻碍经济增长。赵天奕（2012）也使用 STR 模型研究民生财政支出与经济增长之间的关系，所得结论与李村璞、赵守国和

---

① 在财政部统计口径中，民生财政支出分为"与民生直接相关的支出"和"与民生密切相关的支出"。其中，"与民生直接相关的支出"包括教育支出、文化体育与传媒支出、社会保障和就业支出、医疗卫生与计划生育支出、住房保障支出五个类级科目；"与民生密切相关的支出"包括科学技术支出、节能环保支出、城乡社区支出、农林水支出、交通运输支出、商业服务业等支出、国土海洋气象支出、粮油物资储备支出八个类级科目。

何静（2010）类似。还有学者以单独省份为研究对象，从非线性的角度分析民生财政支出与经济增长之间的关系。杨林香和杭许辉（2014）基于 STR 模型以江苏省为研究对象，采用 1978—2012 年的时间序列数据，实证分析改革开放以来江苏省民生财政支出与经济增长之间的关系，研究结果发现，民生财政支出与经济增长之间存在长期的非线性关系，二者之间仅存在经济增长对民生财政支出单向的格兰杰因果关系，同时经济增长对民生财政支出具有明显的非对称性影响，只有有力发展经济才能使民生财政支出更加有效。

（二）民生财政支出绩效的研究

对民生财政支出绩效的实证研究主要沿着两个方面进行：第一个方面是通过对民生财政的投入产出效率的评价，判断民生财政的政策效果，主要构建评价民生的指标体系，将民生指标作为产出，财政支出作为投入；第二个方面是研究有关民生的具体领域包括教育、医疗、住房、社会保险等的公共支出及政策效果。

龚锋和卢洪友（2013）在考虑公共产品供给的萨缪尔森条件的基础上，将地方公共服务配置效率的内涵进行界定，通过实证检验了多为财政分权指标在医疗卫生服务和地方义务教育方面所起的作用。闫宇光和寇明风（2011）构建了民生财政支出指标体系，共包括 8 个方面，24 个子指标。杜玲玲（2015）对义务教育财政效率的内涵进行界定，对度量效率的五类方法进行梳理并做出评价，对影响效率的主要因素进行分析，探寻提高义务教育财政支出效率的具体措施。谢园青和周慧（2017）运用 DEA 模型对我国地方民生财政支出效率进行评价，通过 DEA 非参数分析方法对我国31 个省区市 2009—2013 年的地方民生财政支出效率进行测算。

结果表明，不同地域的民生财政支出存在很大差别，很多地区的民生财政支出效率较低，需要采取有力措施促进效率提高，作者认为可以通过控制民生财政投入力度提高地方民生财政支出的效率。

（三）民生财政支出对城镇化影响的研究

随着国家对城镇化的重视，学者们开始针对民生财政对城镇化的影响进行研究。随着我国经济的快速发展，民生财政支出极大地推动了我国城镇化的发展，各类要素逐渐从农村向城市集聚，在促进物质和人力资本增长的同时，进一步推动我国经济增长。多数学者从土地财政的角度分析民生财政支出对城镇化发展的影响，王小斌和李郁芳（2014）利用我国 1999—2011 年省级面板数据，建立联立方程模型分析我国土地财政与城镇化之间的关系，结果表明土地财政与城镇化之间存在双向联动关系，并且土地财政对城镇化的作用强度要小于城镇化发展对土地财政规模的影响。李新光、胡日东和张彧泽（2015）基于面板平滑转换模型采用我国 30 个省区市 1998—2012 年的数据，研究我国土地财政、金融发展对城镇化的支持效应，结果发现土地财政对城镇化的贡献不具有可持续性，通过提高金融市场效率、充分发挥金融市场的融资功能可以确保城镇化的可持续发展。还有学者从财政支出结构研究财政支出对城镇化的影响，如朱家亮（2014）使用向量自回归模型对财政与城镇化进程的相互关系进行研究，认为财政收入的不断增加以及财政支出结构的持续优化与城镇化水平不断提高之间在长期内具有内在一致性，同时基于城镇化的方差分解的分析认为，长期来看财政政策对城镇化水平的提升作用是一个逐渐增强的过程。另一些学者通过引入中间变量研究民生财政支出对城镇化的影响，如李斌、李拓和朱业（2015）以我国 286 个城市

2002—2012 年的数据为研究样本,构建相应的指标体系测度地区公共服务差异度和城乡公共服务均等化水平,确定民生财政支出如何影响城市化发展,通过面板数据的动态空间计量检验分析民生财政支出对城市化的影响。结果发现,民生财政支出通过作用于公共服务能够加强或减弱地区公共服务差异对城市化的影响。

(四)民生财政支出与居民城乡消费的研究

学者们从不同的角度考察了能够缓解甚至是抵消负财富效应,这样便为财政政策进入居民消费机制提供了契机,大致可以分为如下几个方面:通过引入居民的异质性所产生的财政政策对居民消费的挤入效应的研究(李永友、丛树海,2006),将政府支出引入效用函数,重点强调其与私人消费的互补性(杨子晖,2006),通过深度学习的引入,生成逆周期的成本加成机制促进财政扩张推动居民消费(王文甫,2010)。从理论上讲,财政政策主要通过自动稳定器和相机抉择方式影响经济以及居民消费,财政自动稳定器功能对居民消费影响更为直接,但需要依赖于我国税收制度的累进性。汤跃跃和张毓雄(2012)利用 1978—2010 年的数据,使用非结构化向量自回归模型,实证研究了民生财政支出对居民消费的贡献,发现增加民生财政支出对城镇居民和农村居民消费支出都有推动作用,对城镇居民消费的推动作用高于对农村居民消费的推动作用,同时也证明了民生财政支出能够促进经济增长。胡永刚和郭长林(2013)基于经济波动的视角研究财政政策对居民消费的影响,结果表明,通过财政支出规模的引入,财政政策可以通过财富效应和居民预期影响其消费行为,财政政策对产出和通货膨胀的反应程度决定其预期效应。

2.3.5 民生财政支出的效率研究

（一）政府财政支出效率的相关研究

1. 关于不同层级财政支出效率的研究

少数学者基于县级数据对地方政府财政支出效率进行研究。李一花、魏群和李雪妍（2016）以湖北省为分析对象，利用湖北省的县级数据对其县级财政支出效率进行了测度，并实证检验了财政分权以及"省直管县"财政改革对县级财政支出效率的影响，结果发现财政改革能够显著提高县级财政支出的规模效率，但降低了财政支出的结构效率。廖建江（2016）同样从县级政府入手，选取湖南省 2005—2014 年的县级数据，实证分析了"省直管县"财政改革的效率。储宇强、韦邦荣和孟范范（2018）基于精准脱贫的政策背景，以安徽省皖北八个国家级贫困县为研究对象，选取相关数据实证分析了安徽这八个贫困县的财政脱贫效率，发现其财政支出效率相对较高，但提升空间仍然较大，同时也指出社会保障与就业、医疗卫生对该地区的民生改善有着积极的影响。一些学者基于地级市数据对地方政府财政支出效率进行研究。许坤和管治华（2016）以安徽省为研究对象，选取安徽 2007—2014 年地级市面板数据，基于超效率 DEA 模型，分析了安徽各市的财政支出效率，结果发现，安徽省各市政府的财政支出均表现出低效的现象，其中皖南的财政支出效率要高于皖北。孙开和孙琳（2016）以吉林省八个地级市为研究对象，基于政府财政环保支出的角度，利用吉林省 2007—2012 年地级市面板数据，实证分析吉林省地级市的财政环保支出效率，认为吉林省各个地级市的财政环保支出效率有所区别，建议视各市情况有针对性地采取改进措施。大部分学者研究财政支出效率时都是基于省级层次来进行分析的。刘海兵、杨凡和陈工（2016）基于 DEA 非参数方法，选取我国 1978—2013 年的省级数据，实证分析了我国省级财政支出效率，结果表明大部分省份的财政支出效率在考察期内表现出周期性波动，且整体的省级财政支出效率表现出偏低的现象，同时也指出我国省级财政支出效率存在区域性差异，东部和中部地区要远高于西部地区。王银梅和刘丹丹（2015）、程承坪和陈志（2017）、张迪和金荣学（2018）基于省级层次分别从不同的角度对我国财政支出效率进行了研究分析。

2. 关于财政分权对财政支出效率的影响研究

唐齐鸣和王彪（2012）基于随机前沿分析方法，选取我国 1978—2008 年的省级面板数据，实证分析了我国财政支出效率的影响因素，认为地方政府的财政自主性、人均 GDP 和预算内收入以及人口密度均能显著地影响我国财政支出效率，其中人口密度对财政支出效率的影响为正，其他因素对其的影响为负。唐滔（2010）基于非参数核回归分析，也认为人口密度以及人均 GDP 确实能够影响省级财政支出效率，且人口密度的影响为正，而人均 GDP 的影响为负，同时指出人口密度、人均 GDP 以及赤字状况对财政支出效率的影响方式因其水平不同而表现出不一致性。孙群力、罗艳和陈平（2016）以京津冀城市群为研究对象，基于超效率 DEA 方法选取 2003—2013 年的相关数据估测了京津冀城市群的财政支出效率值，并对其影响因素进行了实证分析，指出京津冀城市群整体的地级市财政支出效率相对较高，且北京要明显高于其他城市，同时指出财政支出效率提升的主要阻碍因素就是技术衰退,且经济发展水平、外资引进水平均不利于财政支出效率的提高,而人均政府预算内收入、人口密度以及受教育程度能够促进财政支出效率的提升。许坤和管治华(2016)通过研究发现对地方政府财政支出效率具有显著影响的因素有经济水平、财政支出的规模和结构、社会平均税负、产业结构以及对外开放度等。

(二)民生财政支出效率的研究

在我国人民生活水平得到大幅度提高的同时,民生问题越来越受到人们的关注。随着我国社会主要矛盾的转化,人民的美好生活需要日益增长,这就在物质生活之外,对以教育、医疗卫生、社会保障与就业为主的民生领域提出了更高的要求。随着民生改善的不断进行,我国居民的生活满意度和民生整体满意度得到了普遍提高,但仍有较多诉求没有得到有效解决,例如教育质量差、家庭医疗卫生支出负担重以及社会保障覆盖面不足等已然成为全国人民热切关注的问题。因此,我国政府在扩大民生财政支出规模的同时,要注重民生性支出的效率,从效率的角度入手,通过提高我国民生财政支出效率来推动社会主要矛盾的解决。

关于民生财政支出效率的研究,国内学者主要是从民生财政支出分项效率的评价来进行相关研究的。仇晓洁和温振华(2012)研究分析了我国农村社会保障的支出效率,发现我国财政在农村社会保障上的支出效率存在省际差异,东部地区效率最低,中西部地区效率相对较高,同时指出,造成这种现象的原因一方面是政府财政政策对中西部地区的倾斜,另一方面是人口流动使得中西部地区流向东部地区的农民数量较多,加大了东部地区的成本和财政压力。张仲芳(2013)从地方政府医疗卫生支出的角度出发,实证研究了我国民生财政支出的效率,研究结果表明,财政分权制度的推行抑制了我国医疗卫生支出效率,但医疗卫生体制改革却有利于提高我国财政医疗卫生支出的效率。崔志坤和张燕(2018)以江苏省的财政医疗卫生支出为研究对象,选用江苏省2009—2015年的市级面板数据,实证分析了江苏省医疗卫生支出效率的变化及其影响因素,并在财政分权背景下探讨了如何提高江苏省的医疗卫生支出效率。研究发现在考察期内江苏省的财政医疗卫生支出效率整体趋于降低,并且表现出显著的地域性差异,同时指出导致这种变化的内因是技术进步下行压力增大,外因在于收入分权的抑制效应。康建英和田茹(2010)基于DEA分析方法,实证考察了我国各地区政府对义务教育的财政支出效率,并分析了财政分权对义务教育财政支出效率的影响,研究结果表明,我国中西部地区的地方政府财政教育支出的效率要高于东部地区的相应值,同时指出财政分权对义务教育的财政支出效率的影响因地区不同而有所区别。亓寿伟、俞杰和陈雅文(2016)以我国财政教育支出为研究对象,选取我国1997—2014年的省级面板数据,研究分析我国基础教育支出效率的变化,通过实证的方式研究了影响财政教育支出的制度因素,结果发现,财政分权制度的存在显著降低了财政教育支出的效率。李俏和胡燕京(2016)基于两阶段DEA-Tobit分析框架,利用我国2000—2011年的省级面板数据,实证分析了我国地方政府义务教育支出效率与区域经济发展之间的关系,发现我国财政花费在义务教育上的支出的效率在区域上存在着显著的差异性,中西部地区的义务教育支出效率要高于东部地区,同时指出人均GDP增长率、财政支出规模和结构等因素是这种差异性产生的重要原因。

部分学者则是从整体上来研究我国政府民生财政支出效率

的。陈刚和李树（2010）基于两阶段的 DEA-Tobit 模型，选取我国 2000—2008 年的省级面板数据，实证研究了我国省级教育、卫生、社会保障等民生财政支出的效率，结果表明地方政府的民生财政分项支出的效率表现出明显的地区差异性，但这种地域上的差异正在慢慢减弱。王家庭和李艳旭（2018）从我国官员晋升压力的角度着手，实证分析了政府官员晋升中的压力对民生财政支出效率的影响，结果发现我国地方政府官员在面临晋升压力时，尽管存在以 GDP 为主要考核目标，但由于好的民望也会有利于官员的晋升，所以这种晋升压力可能在某种程度上提高民生财政支出的效率。姜扬（2019）也基于两阶段 DEA-Tobit 模型，利用我国 2004—2014 年的省级面板数据，测算了我国地区民生财政支出效率，并实证分析了地方政府质量对民生财政支出效率的影响，结果表明，民生财政支出效率存在明显的地区差异，且东部地区的民生财政支出效率最高，从其分项效率来看，教育支出效率最高的是中部地区，医疗卫生支出效率最高的是东北地区，社会保障与就业支出效率最高的是东部地区，同时指出地方政府过度追求经济绩效及腐败均会降低民生财政支出效率，而重视公平公正将提高民生财政支出效率。

（三）民生财政支出效率的评价研究

关于民生财政支出效率的评价研究，以往研究多从财政支出效率的角度来进行整体性的评价。对财政支出效率做评价研究，国内学者主要是基于 DEA 方法进行客观评价的。汪柱旺和谭安华（2007）基于 DEA 分析方法，通过结合投入与产出两方面来分析评价财政支出效率，认为若要全面评价财政支出的绩效，就应该分别从投入与产出这两方面来定义不同的指标并进行综合衡量。

刘振亚、唐滔和杨武(2009)基于省级层次的财政支出效率研究，采用 DEA 方法对其财政支出效率进行评价，指出我国省级财政支出效率的上升空间依然较大，同时指出提高政府财政支出效率的关键在于如何控制财政支出。一些学者基于数据包络分析方法，对我国地方政府的财政农业支出效率进行评价分析。许楠(2010)基于 DEA 的 C2R 模型，通过建立输入和输出指标体系，对我国的财政支农效率进行了评价，并基于研究结果提出了优化对策。王谦和李超(2016)基于三阶段 DEA 模型，运用实证的分析方法深入研究了我国财政支农的效率评价。周红梅和李明贤(2016)基于 DEA 方法，以湖南省 2008—2013 年地级市数据为样本，通过实证方法对湖南省地级市财政农业支出效率做了评价分析，并探讨了不同地区如何提高财政支农效率，指出湖南省的财政支农效率整体较高，且在考察期内逐年上升，同时指出湖南省地级市的财政支农效率存在地区差异性。

对于财政支出效率的评价研究，评价体系的构建是关键。刘蕾(2008)从财政支出的内涵出发，基于财政支出规模效率、财政支出制度效率以及财政支出结构效率三个维度研究分析财政支出效率的衡量标准，从而构建了财政支效率的评价指标体系。王冰(2012)基于财政环保支出效率文献的梳理，构建了环保财政支出效率的综合评价指标体系，并构建了包括熵值法、灰色关联分析法以及主成分分析法在内的综合评测模型，选取山东省市级数据实证分析了环保财政支出效率以及节能减排水平。王冰和赵凌燕(2014)以地方政府财政医疗卫生支出效率为研究对象，基于卫生人员、设施及费用水平、医疗服务水平、人口健康水平、疾病控制、公共卫生水平、医疗保险制度建设水平七个维度构建了衡量医疗卫生支出效率的综合指标体系。杜玲玲（2015）从我国义务教育支出效率内涵着手，构建了包括配置效率、制度效率以及技术效率三个维度的财政义务教育支出效率体系，分析考察了我国义务教育财政支出规模和结构的合理性以及制度安排的有效性。

直接针对民生财政支出效率进行评价的文献较少。谢园青和周慧（2017）基于民生财政支出的效率评价，利用我国2009—2013年的相关数据进行实证分析，发现我国民生财政支出在地域上表现出差异性，且大部分地区的民生财政支出效率偏低，同时指出遏制民生财政支出效率较低的重要手段就是要控制财政支出的力度。部分国内学者是从民生财政支出分项的角度进行相关研究的，一些学者则是从财政教育支出的角度来评价民生财政支出效率的。凌彦东（2015）从城市化的角度考察分析了我国城市财政教育支出的效率，通过评价分析发现，财政教育支出的效率与地区人均财政教育支出呈负相关关系，即人均教育支出越高，财政教育支出的效率就越低，从区域来看，东部地区的财政教育支出效率要低于中西部地区，同时指出造成这种现象的原因是财政教育支出规模扩大导致过度投入。一些学者是从财政医疗卫生支出的角度来评价民生财政支出效率的。王冰和赵凌燕（2014）基于医疗卫生支出效率的内涵构建了指标体系，采用熵值法选取我国2011年的相关数据估测了各个指标的权重值，综合评价了医疗卫生支出的效率，发现我国医疗卫生支出效率最高的地区是中部，而西部地区最低，同时指出各个地区的医疗卫生支出效率表现出先增加后减少的波动趋势。官永彬（2015）采用DEA方法测算了我国新医改以来省级财政医疗卫生支出的效率，并对其进行了评价研究，指出新医改实施取得的显著效果要归功于规模效率的提高，同时指出我国财政医疗卫生支出的效率在地域上表现出明显的差异性，东部地区明显高于中西部地区。其他一些学者是从财政社会保障与就业支出的角度来评价民生财政支出效率的。李胜会和熊璨（2016）运用实证方法比较分析了我国城市和农村的财政社会保障支出的效率差异，并且基于Tobit模型做了评价分析，认为城市的社会保障支出效率要明显低于农村，且不同地区的城乡社会保障支出效率存在着区域性差异。

2.3.6　民生财政支出的对策研究

（一）关于民生财政的必要性

社会主义生产目的要求实行民生财政。童大龙（2008）指出，在社会主义生产过程中，生产目的要求财政政策的制定应在满足民生的前提下，同时对生产资料所有制的性质起到决定性作用。人们的需求是无限的，但国家所能提供的资源和财富是有限的，因此如何发挥有效资源的最大作用，要求我们必须对其合理有效地配置，这一过程就是我国所说的财政机制。胡培兆（2010）在论述中指出，社会主义的生产应建立在满足每个人全面而自由发展的基础上，发展社会主义生产是为了更好地提高人民的生活质量，生产应适应民生，只有满足这一条件才能更好地推动国家的发展。

科学发展观要求实行民生财政。我国的科学发展观的核心是以人为本，李红凤（2010）提出，我国的科学发展要求我国财政应保障人民群众的根本需要。科学发展观要求我们应以人为本，坚持发展为了人民，发展依靠人民，发展成果由人民共享，全面协调推动人和社会的全面发展。而民生财政作为以人为本的财政，也应满足上述要求。熊冬洋（2010）提出，实行民生财政符合我国以人为本的科学发展观要求。财政作为政府操作市场的另一只手，其工作的基准是保障和改善最广大人民的根本利益，从而让更多的人民群众受益。

公共财政的价值导向要求实行民生财政。曹爱军（2015）对政府转型、公共服务和民生财政进行了研究，认为随着经济社会的发展政府应该由建设型政府向服务型政府转变，服务型政府重在强调公共服务，政府应该推动基本公共服务均等化，这就要求公共财政回归以人为本的功能目标，其成效集中体现在民生领域。民生财政在促进公共财政功能归位的同时还要降低给社会公众造成风险的不确定性。简而言之，公共财政是为公共服务发展提供制度保障，而民生财政则是公共财政的价值导向。

（二）民生财政支出存在的问题

其一，民生财政支出比重不均衡。李永生和黄卫红（2009）指出目前我国在城镇企业员工的基本生活保障资金、失业保险等方面投入比重较大，在促进就业方面的资金支持有限。与劳动者就业最为密切的是稳定的就业岗位，暂时的保障性资金相对次要，该项资金的投入在短期内是有效的，能够解决就业所带来的问题，要想长期解决问题就需要就业财政支出。王密、陆亨伯和方东胜（2013）认为目前我国在教育、就业、社会保障以及医疗卫生等民生方面的财政支出占有的比重较高，而在体育、交通运输和住房等民生方面的财政支出相对不足。

其二，民生财政社会保障制度不完善。目前我国民生财政的社会保障制度存在很多不完善的地方，公开机制还有待改善，民众需求不能完全得到满足，社会保障城乡全覆盖存在困难。孙景玉

（2009）认为尽管我国城镇社会保障体系逐渐趋于完善，基本上建立起养老、失业、工伤等保险措施，但是农村社会保障体系还存在很多不完善的地方，覆盖面小、水平低是最主要的特征，农村仅有新型农村合作医疗、低保、五保等保障措施，最主要的养老保险和失业保险还没有真正建立起来。

其三，民生财政监督机制不健全。首先，我国对民生财政的监管方法存在严重弊端，由于监管方法缺乏规范性，仅注重对民生财政的结果进行监督，而对民生资金投入的过程缺乏有效监督，使得许多发生在民生投入过程中的财务失策、失效与犯罪并没有被及时发现，从而为国家带来了严重的经济损失。其次，民生财政的监管机构建立并不健全，主要体现在基层的乡镇地区，由于监管机构的缺乏，使得对民生财政的投入资金无法进行有效监管，进而影响政府对资金利用的掌握程度。再次，胡培兆（2010）指出我国缺乏对民生财政监管的法律保障，由于监管缺乏法律依据，使得一些腐败分子趁机贪污，从而为国家带来了严重的经济损失。最后，黄力明、邓小莲和张俊军（2012）提出民生财政监督分工不明确，很多地区乡镇级别的监管只是流于形式，而没有真正做到对资金动态的监管。

其四，缺乏有效的绩效评价机制。白海琦和赵凌云（2012）认为我国目前缺少适用于我国社会主义初级阶段国情的关于民生财政的法律法规，缺少对民生财政支出的审计监督机制。黄力明（2012）认为我国目前还没有构建起关于民生财政支出有效的绩效评价体系，缺少针对不同领域的专门绩效评估模型，由于一些部门在民生财政支出项目划分存在模糊性，使得民生资金的使用经常出现无效率，甚至出现贪污腐败。

（三）民生财政支出对策建议

首先，民生财政支出结构要不断优化，民生财政支出比重要合理化，既不能过高也不能过低，保障民生问题顺利解决。马正其（2012）指出我国目前要不间断地向教育、医疗、社会保障、住房等有关民生领域的薄弱环节进行定向的民生财政支出。同时，朱团钦和吴玉龙（2013）认为民生财政支出的着眼点在于促进城乡区域均衡协调发展，贫苦地区和弱势群体应该获得更多的民生财政，以保证经济社会协调有序发展。

其次，完善财政转移支付体系。民生财政转移支付体系的完善有利于城乡基本公共服务供给的均等化和全覆盖。洪源、王群群和秦玉奇（2016）分析民生财政对城乡居民收入差距的影响发现，民生财政对于缩小城乡收入差距具有重要作用，提出根据民生财政的实施目标，可以没有区别地对城镇和农村进行大体相等的民生财政支出；同时提出中央可以增加对于地方民生性公共产品和服务的转移支付；建议以民生为导向进行税制优化，真正实现税收"取之于富，用之于贫"。

再次，建立民主化机制。陈先森（2011）提出民生财政支出决策制定的过程中，应该及时了解民众需求，充分考虑民众的意见，促使政策制定向规范化方向发展，建立起体现民意的民生财政支出决策机制，确保民生财政支出能够落到实处。在制定追责制度时，涉及群众利益的必须慎重看待，秉承着群众利益无小事的原则，在征求广大群众意见的条件下，全面评估群众的利益问题，保证决策程序的合法性、合理性、惠民性。

最后，完善民生财政体制。民生财政体制的完善需要各级政府明确民生事务方面的事权，实现民生财政事权与财权的匹配。

罗文宝和向莉（2014）认为，政府在进行职能转变时，应该明确政府的职能，知道管什么、怎么管、管到什么程度等问题，一定要认清政府并非是万能的。

第3章 我国民生财政支出的现状分析

3.1 我国民生财政支出的基本情况

3.1.1 民生财政支出的政策演变

20 世纪 90 年代末,我国明确了构建公共财政模式的改革方向。进入新世纪以来,公共财政建设得到了迅速发展,为民生财政提供了运行层面的制度保障。2006 年国务院政府工作报告中首次提出"统筹兼顾,关注民生",民生问题开始成为社会普遍关注的焦点问题。

2007 年,党的十七大报告将"加快推进以改善民生为重点的社会建设"列为重点内容,首次全面和系统地提出了改善民生的基本理念:要在发展经济的基础上更加关注社会建设,着力保障和改善民生,努力使人民群众学有所教、劳有所得、病有所医、老有所养、住有所居。同时,在政策取向上更加关注教育发展、促进以创业带动就业、深化收入分配改革、加快社会保障体系建设、建立基本医疗卫生制度、完善社会管理。

2012 年,党的十八大报告也高度关注了民生问题,并提出"在改善民生和创新社会管理中加强社会建设"。报告指出,要以保障民生和改善民生为重点工作，切实解决好人民群众最关心最直接最现实的利益问题，努力实现"学有所教、劳有所得、病有所医、老有所养、住有所居"的目标，让人民群众过上更好的生活。同时，在政策取向上重点关注教育、就业、居民收入、社会保障、医疗卫生和社会管理。

2013年，党的十八届三中全会提出要更好地保障和改善民生、深化社会体制改革，并在收入分配制度、社会领域制度创新、基本公共服务均等化等方面提出了要求。2014年，党的十八届四中全会提出的全面依法治国，为民生事业发展提供保护和方向指引，并成为人民群众基本权利、尊严和幸福的保障。2015年，党的十八届五中全会提出了"共享发展"理念，重点强调了从人民最关心最直接最现实的利益问题着手，通过提升公共服务共建能力和共享水平，在教育、就业、收入、社会保障和医药卫生等领域增加公共服务供给。

2007年以来，在新时期党的"保障和改善民生"执政理念指引下，历年国务院政府工作报告都把民生建设列为重要内容。（参见表3-1）中央和地方各级政府积极将财政支出明确地向民生领域倾斜，民生财政支出规模不断扩大、结构持续优化。

表3-1　2006年以来国务院政府工作报告关于民生问题的论述

年份	指导思想	财政政策	关注领域
2006	统筹兼顾，关注民生		
2007	着力促进社会发展和解决民生问题	确保政府投资用于基础教育和公共卫生等社会事业的投入高于上年	
2008	更加重视改善民生和促进社会和谐	继续调整财政支出和政府投资结构，较大幅度地增加社会保障、医疗卫生、教育、廉租住房建设等方面支出	教育、医疗卫生、人口和计划生育、老龄、就业、居民收入、社会保障、住房保障等

（续表）

年份	指导思想	财政政策	关注领域
2009	着力改善民生和促进社会和谐	中央政府投资总额9080亿元，保障性住房、教育、卫生、文化等民生工程建设为主要领域之一	就业、社会保障、教育、医疗卫生、人口和计划生育、文化体育、民主法治、社会管理等
2010	着力改善民生和促进社会和谐稳定	财政支出在改善民生方面增加投入和倾斜	就业、社会保障、收入分配、房地产市场、医疗卫生、人口和计划生育等
2011	保障和改善民生	着力优化财政支出结构，增加民生等重点支出	就业、收入分配、社会保障、房地产市场、医疗卫生、人口和计划生育、社会管理等
2012	着力保障和改善民生	优化财政支出结构、突出重点，更加注重向民生领域倾斜，加大对教育、文化、医疗卫生、就业、社会保障、保障性安居工程等方面的投入	就业、社会保障、医疗卫生、人口和计划生育、房地产市场和保障性安居、社会管理等
2013		增加保障改善民生支出，继续向教育、医药卫生、社会保障等民生领域和薄弱环节倾斜	就业、社会保障、医药卫生、人口政策、社会管理、房地产市场和保障性安居、教育、科技、文化等
2014	着力保障和改善民生	继续增加中央财政教育投入、提高城乡居民基本医保财政补助标准、增加保障房的财政投入	就业、收入、社保、住房保障、安全生产等
2015	加强民生保障	加大政府对教育、卫生等的投入	就业、社会保障、居民收入、教育、文化、社会治理、节能环保、能源、生态等
2016	加强民生保障	适当增加必要的财政支出和政府投资，加大对民生的支持	就业、教育、医疗卫生、社会保障、文化、安全生产等

资料来源：根据中国政府网2006—2016年国务院政府工作报告整理得到。

3.1.2 民生财政支出规模分析

从民生财政支出的总量方面看,进入 21 世纪以来,我国民生财政支出总量保持了持续增长的趋势。全国民生财政支出总额从 1999 年的 3570.4 亿元增长到 2014 年的 54231.1 亿元,涨幅超过 14 倍。特别地,在 2006 年国务院政府工作报告中提出统筹兼顾地关注民生、努力让全体人民分享改革发展的成果之后,国家民生财政支出总量首次突破 1 万亿元大关。此后,全国民生财政支出进入快速增长阶段,分别在 2009 年突破 2 万亿元、2011 年突破 3 万亿元、2012 年突破 4 万亿元、2014 年突破 5 万亿元。近年来,全国民生财政支出的增长率呈波动变化态势。1999—2014 年全国民生财政支出的年均增长率为 19.9%,其中 2007 年的增长率 31.2% 为历史最高值(民生财政支出总量和增长率参见图 3-1)。

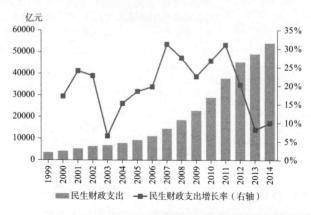

图 3-1　我国民生财政支出及其增长率

数据来源:根据 2000—2015 年《中国统计年鉴》相关数据整理计算得到。除有特别说明,本章之后图表数据来源与此相同。

　　民生财政支出相当于 GDP 比重基本呈现出稳中有升的趋势。我国民生财政支出在 GDP 中所占比重从 1999 年的 3.9% 增长到 2014 年的 8.4%。其中，2006 年以来民生财政支出相当于 GDP 比重的增长率连续 9 年超过 5%，2010 年增长率 8.53% 是历史最高值。这反映了近年来我国政府对民生问题的高度关注，以及相关民生政策的稳定性（民生财政支出相当于 GDP 的比重参见图 3-2）。

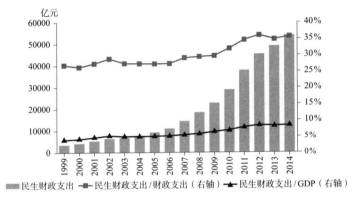

图 3-2　我国民生财政支出及比重

　　民生财政支出占财政支出比重也基本呈现稳中趋升的态势。民生财政支出占财政支出的比重从 1999 年的 27.1% 增长到 2014 年的 35.7%，其中 2012 年比重 36.2% 为历史最高值。在此期间，民生财政支出占财政支出比重的增长率从 2007 年开始进入快速上升阶段，其原因在于我国明确财政向民生领域倾斜始于 2006 年。目前，我国民生财政支出已占财政支出总量的三分之一强并呈现增长趋势，这反映出近年来我国财政资金持续向民生领域重点倾斜的政策效果（民生财政支出占财政支出的比重参见图 3-2）。

　　民生财政支出增长弹性系数和边际倾向二者保持了基本一致

的波动变化趋势。从理论上说,民生财政支出相当于 GDP 比重的变化是由民生财政支出增长的弹性系数和民生财政支出增长的边际倾向共同决定的。在民生财政支出增长弹性系数方面,2005 年以来(除去 2013 年),民生财政支出增长弹性系数始终大于 1,表明民生财政支出增长率高于 GDP 增长率,这是近年来政府实施"稳增长、保民生"政策的效果,同时也表明民生财政支出对经济增长比较敏感。在民生财政支出增长的边际倾向方面,2003—2009 年边际倾向持续增加,此后出现了较大幅度波动。民生财政支出增长边际倾向在 2009 年和 2012 年分别达到两个峰值,其中 2012 年为最高值 15%,即 GDP 每增加 100 元,民生财政支出增加 15 元(民生财政支出增长弹性系数和边际倾向参见图 3-3)。

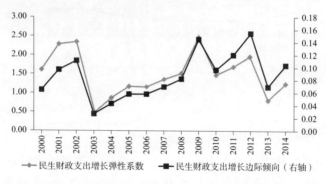

图 3-3　我国民生财政支出增长弹性系数与边际倾向

从民生财政支出层次方面看,我国财政支出由中央和地方两级公共财政支出组成,1994 年的分税制改革重新划分了中央与地方的事权和财权。目前,民生财政支出所涉及的教育、就业、医疗卫生、社会保障、住房保障五项内容都属于中央政府和地方政府共管范围。进入 21 世纪以来,中央财政和地方财政在民生领域的投入都有较大幅度的增长。

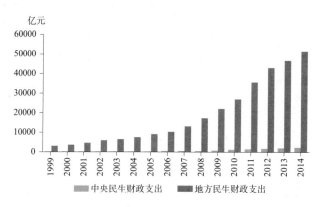

图 3-4　我国中央本级和地方本级民生财政支出

　　其中，中央民生财政支出从 1999 年的 469.04 亿元增加到 2014 年的 2449.19 亿元，涨幅逾 5 倍；地方民生财政支出从 1999 年的 2808.26 亿元增加到 2014 年的 51781.90 亿元，涨幅逾 18 倍。地方民生财政支出增长幅度远远高于中央民生财政支出。1999 年地方民生财政支出占全国民生财政支出的 85.7%，2007 年之后（除去 2010 年）这一比重始终高于 95%。由此可见，地方民生财政支出是全国民生财政支出的主导力量，中央民生财政支出起到了辅助作用（中央和地方两级民生财政支出见图 3-4）。近年来我国不同区域地方民生财政支出情况参见表 3-2。

表 3-2　我国各区域地方民生财政支出　　（单位：亿元）

	2007年	2008年	2009年	2010年
东部地区	6289.67	7743.88	9020.08	10779.04
中部地区	3585.21	4921.16	6299.05	7362.18
西部地区	3892.74	4966.81	6255.37	7034.14

（续表）

	2007年	2008年	2009年	2010年
东北地区	1537.16	1864.59	2344.64	2491.44
	2011年	2012年	2013年	2014年
东部地区	14601.23	17337.38	19078.24	21049.85
中部地区	10999.67	13189.80	14128.81	15704.13
西部地区	10210.91	12763.07	13714.42	14982.24
东北地区	3542.62	4233.29	4393.49	4580.50

3.1.3　民生财政支出结构分析

由于财政资金向民生领域倾斜,我国民生财政支出总量不断增长,民生财政各分项支出也随之增长。目前,在民生财政支出结构中,教育支出、社会保障和就业支出是民生财政支出的主要部分,二者支出之和占民生财政支出的三分之二强,而医疗卫生与计划生育支出和住房保障支出所占比重相对较小。

（一）民生财政各分项支出规模分析

近年来,我国民生财政各分项支出随着民生财政支出总量增长均呈现出逐年增长趋势,民生财政各分项支出排序长期保持为:教育支出、社会保障和就业支出、医疗卫生与计划生育支出、住房保障支出。我国民生财政各分项支出规模参见表3-3。

表3-3　1999—2014年我国民生财政支出及分项支出（单位:亿元）

年份	教育支出	社会保障和就业支出	医疗卫生与计划生育支出	住房保障支出	民生财政支出
1999	1927.32	1197.44	445.68	—	3570.44
2000	2179.52	1517.57	489.71	—	4186.80

（续表）

年份	教育支出	社会保障和就业支出	医疗卫生与计划生育支出	住房保障支出	民生财政支出
2001	2636.84	1987.40	569.30	—	5193.54
2002	3105.99	2636.22	635.04	—	6377.25
2003	3351.32	2655.91	778.05	—	6785.28
2004	3851.10	3116.08	854.64	—	7821.82
2005	4531.30	3698.86	1036.81	—	9266.97
2006	5411.59	4361.78	1320.23	—	11093.60
2007	7122.32	5447.16	1989.96	—	14559.44
2008	9010.21	6804.29	2757.04	—	18571.54
2009	10437.54	7606.68	3994.19	725.97	22764.38
2010	12550.02	9130.62	4804.18	2376.88	28861.70
2011	16497.33	11109.40	6429.51	3820.69	37856.93
2012	21242.10	12585.52	7245.11	4479.62	45552.35
2013	22001.76	14490.54	8279.90	4480.55	49252.75
2014	23041.71	15968.85	10176.81	5043.72	54231.09

教育支出是民生财政各分项支出中规模最大的支出。2014年，全国教育支出达到历史最高值23041.71亿元，超过支出规模排名第二的社会保障和就业支出7072.86亿元，是1999年教育支出的近12倍。2014年，全国社会保障和就业支出、医疗卫生与计划生育支出分别为15968.85亿元和10176.81亿元，约是1999年支出规模的13倍和23倍。住房保障支出是民生财政各分项支出中规模最小的支出。2014年全国住房保障支出规模为5043.72亿元，是教育支出的五分之一。作为新增民生支出项目，住房保障支出出现稍晚。从现有数据看，国家对住房保障的投入力度较大，2009—2014年从725.97亿元增长至5043.72亿元，增长了近6倍。

（二）民生财政各分项支出增长率分析

从民生财政各分项支出的年均增长率方面看，1999—2014年教育支出、社会保障和就业支出、医疗卫生与计划生育支出的年均增长率分别为17.99%、18.85%和23.19%；2009—2014年住房保障支出的年均增长率为47.36%。支出规模较小的医疗卫生与计划生育支出、住房保障支出的年均增长率超过了同期民生财政支出的年均增长率（见表3-4）。

表3-4　2000—2014年我国民生财政支出及分项支出的增长率

年份	民生财政支出	教育支出	社会保障和就业支出	医疗卫生与计划生育支出	住房保障支出
2000	17.26%	13.09%	26.73%	9.88%	—
2001	24.05%	20.98%	30.96%	16.25%	—
2002	22.79%	17.79%	32.65%	11.55%	—
2003	6.40%	7.90%	0.75%	22.52%	—
2004	15.28%	14.91%	17.33%	9.84%	—
2005	18.48%	17.66%	18.70%	21.32%	—
2006	19.71%	19.43%	17.92%	27.34%	—
2007	31.24%	31.61%	24.88%	50.73%	—
2008	27.56%	26.51%	24.91%	38.55%	—
2009	22.58%	15.84%	11.79%	44.87%	—
2010	26.78%	20.24%	20.03%	20.28%	227.41%
2011	31.17%	31.45%	21.67%	33.83%	60.74%
2012	20.33%	28.76%	13.29%	12.69%	17.25%
2013	8.12%	3.58%	15.14%	14.28%	0.02%
2014	10.11%	4.73%	10.20%	22.91%	12.57%

全国民生财政各分项支出的增长率变化趋势并不一致、各具特点。教育支出的增长率呈现波动变化趋势,局部峰值分别出现在 2001 年、2007 年和 2011 年,近几年处于下降趋势。相比之下,社会保障和就业支出的增长率的波动变化更为频繁,但波动幅度变化相对较小,现处于震荡下降阶段。医疗卫生与计划生育支出增长率在 2007 年达到 50.73% 的历史最大值,整体的波动变化不频繁,现处于小周期波动的上升阶段。自 2005 年以来,医疗卫生与计划生育支出的增长率基本上超过教育支出的增长率,说明政府财政资金开始向医疗卫生与计划生育领域加大倾斜。住房保障支出增长率变化的规律性并不明显,它在 2010 年出现最大幅度的增长,从前一年的 725.97 亿元增长到 2376.88 亿元,这也是政府开始关注住房保障问题的结果。

(三)民生财政各分项支出比重分析

民生财政各分项支出占民生财政支出、占财政支出和相当于 GDP 的比重方面各有特点(见表 3-5 和表 3-6)。在教育支出方面,其在民生财政支出中的比重呈现出缓慢下降趋势,但是教育支出仍然几乎占据民生财政支出的半壁江山。2014 年,教育支出在民生财政支出中的比重为 42.49%,高出社会保障和就业支出比重 13 个百分点。教育支出在财政支出中的比重呈现缓慢上升趋势,其相当于 GDP 比重的上升趋势则更为明显。近年来,我国对教育事业的财政支持力度不断加大,2014 年教育支出相当于 GDP 的比重为 3.62%,相比 1999 年的 2.14% 提高了 1.48 个百分点。2012 年教育支出相当于 GDP 比重为 3.98%,已经充分接近教育支出占 GDP 比重达 4% 的目标。

表 3-5　我国民生财政分项支出占民生财政支出比重

年份	教育支出	社会保障和就业支出	医疗卫生与计划生育支出	住房保障支出
1999	53.98%	33.54%	12.48%	—
2000	52.06%	36.25%	11.70%	—
2001	50.77%	38.27%	10.96%	—
2002	48.70%	41.34%	9.96%	—
2003	49.39%	39.14%	11.47%	—
2004	49.24%	39.84%	10.93%	—
2005	48.90%	39.91%	11.19%	—
2006	48.78%	39.32%	11.90%	—
2007	48.92%	37.41%	13.67%	—
2008	48.52%	36.64%	14.85%	—
2009	45.85%	33.41%	17.55%	3.19%
2010	43.48%	31.64%	16.65%	8.24%
2011	43.58%	29.35%	16.98%	10.09%
2012	46.63%	27.63%	15.91%	9.83%
2013	44.67%	29.42%	16.81%	9.10%
2014	42.49%	29.45%	18.77%	9.30%

　　社会保障和就业支出在民生财政支出中所占比重一度超过40%，但整体上呈现"倒U形"波动。目前，社会保障和就业支出在民生财政支出中所占比重接近三分之一。1999—2014年，社会保障和就业支出在财政支出中所占比重基本在9%—12%浮动，这一比重远低于经济发达国家20%—30%的比重，说明我国社会保障和就业支出的资金缺口还比较大，仍有提升空间。社会保障和就业支出相当于GDP比重的变化比教育支出要明显，15年间

比重翻了一番。

表 3-6　我国民生财政分项支出占财政支出及相当于 GDP 的比重

年份	教育支出		社会保障和就业支出		医疗卫生与计划生育支出		住房保障支出	
	占财政支出比重	相当于GDP比重	占财政支出比重	相当于GDP比重	占财政支出比重	相当于GDP比重	占财政支出比重	相当于GDP比重
1999	14.61%	2.14%	9.08%	1.33%	3.38%	0.49%	—	—
2000	13.72%	2.18%	9.55%	1.52%	3.08%	0.49%	—	—
2001	13.95%	2.39%	10.51%	1.80%	3.01%	0.52%	—	—
2002	14.08%	2.57%	11.95%	2.18%	2.88%	0.52%	—	—
2003	13.60%	2.45%	10.77%	1.94%	3.16%	0.57%	—	—
2004	13.52%	2.40%	10.94%	1.94%	3.00%	0.53%	—	—
2005	13.35%	2.44%	10.90%	1.99%	3.06%	0.56%	—	—
2006	13.39%	2.49%	10.79%	2.00%	3.27%	0.61%	—	—
2007	14.31%	2.66%	10.94%	2.03%	4.00%	0.74%	—	—
2008	14.39%	2.84%	10.87%	2.15%	4.40%	0.87%	—	—
2009	13.68%	3.02%	9.97%	2.20%	5.23%	1.16%	0.95%	0.21%
2010	13.96%	3.07%	10.16%	2.23%	5.35%	1.17%	2.64%	0.58%
2011	15.10%	3.41%	10.17%	2.29%	5.89%	1.33%	3.50%	0.79%
2012	16.87%	3.98%	9.99%	2.36%	5.75%	1.36%	3.56%	0.84%
2013	15.69%	3.74%	10.33%	2.46%	5.91%	1.41%	3.20%	0.76%
2014	15.18%	3.62%	10.52%	2.51%	6.70%	1.60%	3.32%	0.79%

医疗卫生与计划生育支出占民生财政支出比重的变化较为明显。2014 年的比重比 1999 年增加了 6.29 个百分点。目前，医疗卫生与计划生育支出约占民生财政支出的五分之一。相比之下，

医疗卫生与计划生育支出占财政支出和相当于 GDP 比重的变化更为明显。2014 年,两个比重分别为 6.70% 和 1.60%,约是 1999 年的 2 倍和 3 倍。2007 年之后,国家加大了对医疗卫生事业的投入力度,医疗卫生与计划生育支出占财政支出和相当于 GDP 的比重进入快速增长通道。当前,民众对医疗卫生等健康领域的需求在不断提高,它仍然是民生财政支出的重点关注领域。

在住房保障支出方面,自 2009 年起住房保障支出开始列入国家财政支出的范围。当前,住房保障支出约占民生财政支出的十分之一。2009—2014 年,住房保障支出占财政支出和相当于 GDP 比重的增长较快,2014 年住房保障支出占财政支出和相当于 GDP 的比重分别为 3.32% 和 0.79%,约是 2009 年的 3 倍和 4 倍,但其所占份额并不大,仍不到 GDP 的 1%。在民生财政各分项支出中,住房保障支出增长趋势最明显,这也体现了各级政府对住房保障问题的高度关注。

3.2 我国民生财政支出的地区对比

我国东部地区、中部地区和西部地区资源禀赋和经济发展不同,东部地区、中部地区与西部地区在经济和民生事业的发展上拥有的优势和面临的约束也是不同的,故而三个地区的民生财政支出总量也存在着区别。此外,自改革开放以来,我国经济发展经历多个阶段,且在不同的阶段上政府财政支出也有所不同,民生财政支出作为政府财政支出的一部分自然也存在差异。

尤其是 2008 年 9 月爆发国际金融危机之后,由于金融危机冲

击的消极影响,国家为扩大内需、促进经济平稳较快增长而推出了
"四万亿"计划,导致我国的财政支出总量和结构发生了较大变
化,民生财政支出自然也发生了变化。鉴于此,本章从民生财政支
出总额及其分项(即教育支出、医疗卫生支出以及社会保障和就业
支出)、人均民生财政支出额及其分项以及民生财政支出及其分项
在政府财政支出上的占比三个方面来分析全国及东中西部地区民
生财政支出及其分项在1998—2017年的变动情况。

3.2.1　全国及东中西部民生财政支出总量及其分项变动分析

本节选取我国全国及各省份1998—2017年的民生财政支出
总量及其分项即教育支出、医疗卫生支出以及社会保障和就业支
出数据,分别分析全国及东中西部三大地区的民生财政支出及其
分项在这一期间的变动情况,并以2008年为时间节点对国际金
融危机发生前后全国及三大地区民生财政支出及其分项做差异化
分析。

总体上来看,1998—2017年,我国民生财政支出及其分项呈
现上升趋势,且在我国三大民生财政支出中,教育支出在考察期内
始终高于其他两项,而社会保障与就业支出始终是最低的(见图
3-5)。

若以2008年为时间节点,在2008年国际金融危机爆发之前,
我国民生财政支出及其分项均在2006年之前缓慢增长,而后开始
快速增加;2008年之后,我国民生财政支出和社会保障与就业支
出增速并无明显变化,而教育支出增速有所增加,医疗卫生支出有
所降低。随后至2017年,我国民生财政支出与教育支出、医疗卫

生支出增长分别在 2010 年和 2014 年有两次提速,而社会保障与就业支出则表现出平稳增长的趋势。

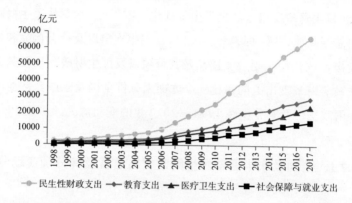

图 3-5 1998—2017 年全国民生财政支出及其分项总量

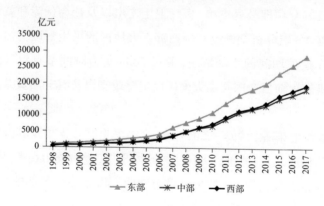

图 3-6 1998—2017 年我国东中西部民生财政支出

1998—2017 年,我国东部、中部和西部的民生财政支出总体上呈增长趋势,且东部、中部和西部的变化趋势基本一致(如图 3-6 所示)。从各区域比较来看,东部始终高于中部和西部地区,且差额逐年增加,这也与东部地区经济发展水平高于中西部地区的现状相适应,而中西部地区支出的差异却是以 2008 年为界,2008 年以前中部高于西部,之后西部开始超过中部。

以 2008 年为时间节点,即在国际金融危机爆发以前,我国的民生财政支出随着经济的增长而相应变化,但 2008 年之后,受金融危机冲击的影响,我国经济回落,民生财政支出增速相应回落。尽管为了缓解金融危机的影响,我国在 2008 年 11 月开始实施"四万亿"计划,但由于该计划的主要投资方向是重大基础设施,而非教育、医疗卫生、社会保障和就业等民生财政支出,因此,民生财政支出的增速反而放缓。

整体来看,自 1998 年以来我国东部、中部和西部地区在教育上的财政支出呈现增长趋势(如图 3-7)。从各区域比较来看,东部、中部和西部在该期间的变化趋势基本一致,且东部整体高于中部和西部,西部在 2008 年开始超过中部,且差距逐年加大,这同民生财政支出总额的相应变化是一致的。但相较于民生财政支出总额的变动情况而言,三大地区的教育支出在时间上的波动更大。

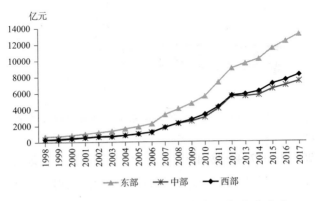

图 3-7　1998—2017 年我国东中西部教育支出

　　以 2008 年国际金融危机为时间节点, 在此之前, 我国在教育上的财政支出持续增加, 且从 2006 年开始加速提高, 而 2008 年以后, 无论是东部还是中部和西部地区, 尽管总额仍保持增加势头, 但增幅均回落, 且中部和西部增幅的下降程度要高于东部。从 2010 年开始, 我国的教育支出经历了两年的快速增加, 至 2012 年这种快速增长趋势突然趋于平缓, 甚至中部在 2013 年出现了负增长, 但随后在 2014 年全国教育支出加速增加。

　　从增长趋势上来看, 1998—2017 年, 我国财政在医疗卫生上的支出持续增加(如图 3-8)。从区域上来看, 东部在考察期内依然高于中部和西部, 中部和西部的增长曲线几乎重合, 但仔细观察会发现西部在这一期间均高于中部。

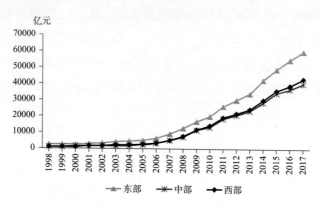

图 3-8　1998—2017 年我国东中西部医疗卫生支出

　　若以 2008 年为时间节点, 在此之前, 三大地区的医疗卫生支出都在 2006 年以前缓慢增加, 而后加速增加, 2008 年之后, 我国医疗卫生支出增幅不减反增, 且中部地区和西部地区增幅更大, 随后在 2011 年增长趋势有所放缓, 在 2013 年开始快速增加。

从总体趋势上来看，1998—2017 年我国东中西部社会保障和就业支出呈上升态势（如图 3-9）。从三大区域上来看，东部、中部和西部在 2006 年之前表现为交错增长，2006 年之后，东部开始超过中部和西部，且差额呈逐渐增大趋势；中部和西部在 2006 年之后依然呈现交错增长趋势。

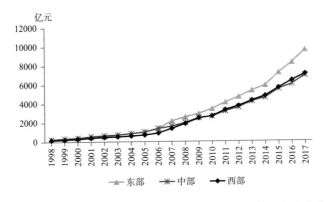

图 3-9 1998—2017 年我国东中西部社会保障和就业支出

若以 2008 年为时间分界点，在此之前，东部、中部和西部的社会保障和就业支出表现为上升趋势，且东部和西部在 2006 年开始加速增加，但中部增速并无明显增加；2008 年之后，东部和西部增速有所放缓，而中部有所增加，且三大地区的该项支出在 2010 年和 2014 年均有两次加速增加。

3.2.2 全国及东中西部民生财政支出及其分项的人均量变动分析

本节选取全国及各省份 1998—2017 年的民生财政支出总量

以及年末总人数数据,分别计算并分析全国及东中西部三大地区的人均民生财政支出、人均教育支出、人均医疗卫生支出以及人均社会保障和就业支出在这一期间的变动情况,并以2008年为时间节点对国际金融危机发生前后全国及三大地区民生财政支出及其分项的人均量做差异化分析。

1998—2017年,我国人均民生财政支出及其分项总体上呈现上升的趋势,且在我国三大民生财政支出中,教育支出在考察期内依然始终高于其他两项,而社会保障与就业支出也始终是最低的(见图3-10)。

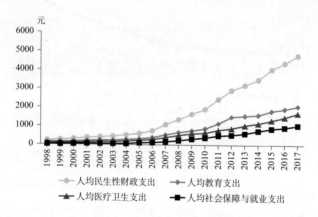

图3-10　1998—2017年我国人均民生财政支出及其分项

若以2008年金融危机的发生为时间节点,在2008年国际金融危机爆发之前,我国人均民生财政支出及其分项均在2006年之前增长缓慢,而后开始快速增加;2008年之后,我国人均民生财政支出和社会保障与就业支出增速并无明显变化,而人均教育支出增速有所增加、人均医疗卫生支出有所降低。随后至2017年,我国人均民生财政支出与人均教育支出、人均医疗卫生支出分别在 2010 年和 2014 年有两次提速,而人均社会保障与就业支出表现出平稳增长的趋势。

1998—2017 年,我国东部、中部和西部的人均民生财政支出总体上呈现上升趋势(如图 3-11)。从三大区域上来看,2007 年之前中部和西部基本一致,而后西部开始超过中部,且差距逐渐拉大;2010 年之前,东部人均高于中西部地区,之后东部低于西部而高于中部,即介于二者之间。

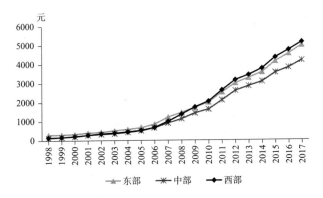

图 3-11 1998—2017 年我国东中西部人均民生财政支出

若以 2008 年为时间节点,在 2008 年之前,中部、东部和西部均在 2006 年开始加速增加,这与民生财政支出总量及其分项数据的趋势是一致的;2008 年之后,三大地区人均民生财政支出的增幅均未出现明显减少,这与其对应总量趋势有所不同;随后至 2017 年,三大地区分别在 2010 年和 2014 年出现两次加速增加。

整体来看,1998 年以来我国东部、中部和西部在教育上的人均财政支出呈现增长的趋势(见图 3-12)。从三大区域上来看,东部在考察期间均高于中部和西部;中部在该期间一直低于东部和西部,且东部与中部的差额呈增加趋势;而西部处于东部和中部之间,且与中部的差距逐渐增大而与东部的差距缩小。

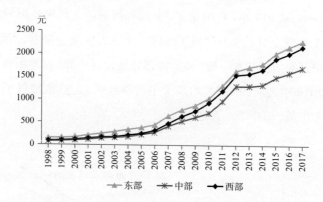

图 3-12　1998—2017 年我国东中西部人均教育支出

　　若以 2008 年为时间节点,2006 年三大地区的人均教育支出也存在增速的现象;2008 年后,东部和中部的增幅有所降低,但西部不仅未出现降低现象甚至有所增加。而后,东部、中部和西部的人均教育支出增幅从 2010 年开始骤然增加,随后在 2012 年又突然降低,且降幅很大,西部甚至出现负增长,幸而在 2014 年之后三大地区的人均教育支出增幅均开始增加。

　　从增长趋势上来看,1998—2017 年,我国财政在医疗卫生上的人均支出表现出持续增加的趋势(如图 3-13)。从三大区域来看,东部、中部和西部呈现交错增加的现象,这与人均民生财政支出类似。具体来看,中部在这一期间均低于东部和西部。2009 年之前,东部高于西部,但随着西部人均医疗卫生支出的持续快速增加,其与东部的差距逐渐缩小;2009 年之后,西部开始超过东部,即东部高于中部而低于西部。

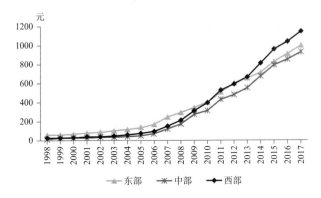

图 3-13　1998—2017 年我国东中西部人均医疗卫生支出

若以 2008 年为分界点，三大地区的人均医疗卫生支出均在 2006 年开始加速增加；在 2008 年之后，三大地区的人均医疗卫生支出表现各异：东部的增幅并未出现明显的降低，中部的在大降，西部的增幅不降反增。而后至 2017 年，三大地区的人均医疗卫生支出在 2010 年和 2013 年均有提速。

从总体趋势上来看，1998—2017 年我国东中西部人均社会保障和就业支出呈上升态势（如图 3-14）。从三大区域上来看，东部、中部和西部在 2007 年之前表现为交错增长，且中部地区在东部和西部地区之上。就增长速度来说，西部最快。自 2007 年开始，西部超过东部和中部地区，且超出额呈逐年增加趋势，而东部和中部依然呈交错增长趋势。

若以 2008 年为时间分界点，在 2008 年之前，三大地区的人均社会保障和就业支出由 2006 年之前的缓慢增长转变为 2006 年开始的加速增长；2008 年后，中部和西部的人均社会保障和就业支出以更快的速度增长，但东部并未出现明显的增加。随后至

2017 年，东部和中部经历了 2010 年和 2014 年两次提速，西部仅在 2010 年表现出明显的加速增长，但其之后的增速基本高于东部和中部。

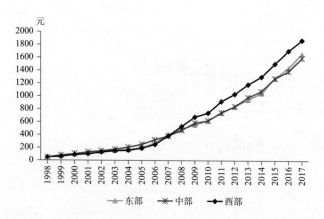

图 3-14　1998—2017 年我国东中西部人均社会保障和就业支出

3.2.3　全国及东中西部民生财政支出及其分项占比变动分析

本节选取全国及各省份 1998—2017 年民生财政支出总量及其分项即教育支出、医疗卫生支出、社会保障和就业支出以及财政支出总额数据，分别计算并分析全国及东中西部民生财政支出及其分项在财政支出总额中所占的比重在这一期间的变动情况，并以 2008 年为时间节点对国际金融危机发生前后全国及三大地区民生财政支出及其分项占比做差异化分析。

从增长趋势上来看，1998—2017 年，我国民生财政支出及其分项在一般性财政支出中所占的比重总体上呈现波动增长的趋势，且在我国三大民生财政支出中，三者在财政支出中的占比情况

依然是教育支出占比最高、社会保障与就业支出占比最低（如图
3-15）。

　　若以 2008 年为时间分界点，在 2008 年之前，我国民生财政
支出占比以及医疗卫生支出占比在 2005 年之前呈现先增加而后
平稳最后下降的趋势，2005 年开始触底回升，2007 年之后略微有
所下降；教育支出占比在 2006 年之前缓慢降低，而后迅速增加，
但 2007 年之后也表现出略微下降；社会保障与就业支出占比在
2005 年之前缓慢下降，而后又缓慢增加。在 2008 年之后，我国民
生财政支出占比、教育支出占比和医疗卫生支出占比均呈现下降
趋势，而社会保障与就业支出在危机爆发后经历了先增加后平稳
增长的趋势。之后民生财政支出占比与教育支出占比均在 2010
年触底回升，且都在 2012 年开始降低，但前者在 2013 年再次开
始增加直至 2017 年，后者则持续下降；医疗卫生支出占比在 2013
年降至极低点之后开始缓慢增加。

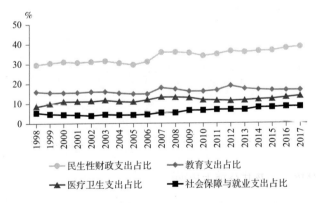

图 3-15　1998—2017 年我国民生财政支出及其分项占比

1998—2017 年，我国东部、中部和西部的民生财政支出占比

总体上都呈现上升趋势（如图 3-16）。从三大区域来看，中部地区的民生财政支出占比高于东西部，东部和西部较为接近，但西部略高。此外，三大区域的民生财政支出占比趋于统一。

若以 2008 年为时间节点，在 2008 年之前，东部、中部和西部的民生财政支出占比均在 2005 年出现一次谷底，在 2007 年达到最大值，2008 年略微有所降低。但 2008 年之后，在 2009 年除了东部地区的民生财政支出占比出现明显下降之外，中部和西部地区均无明显变化，但在 2010 年，三大地区的占比都有明显降低。随后至 2017 年，三大地区的占比在 2012 年出现一次谷峰之后开始趋于稳定。

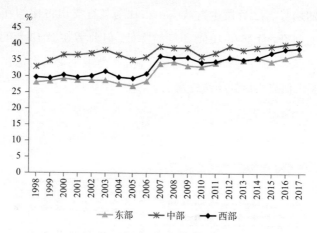

图 3-16 1998—2017 年我国东中西部民生财政支出占比

整体来看，自 1998 年以来我国东部、中部和西部地区在教育上的财政支出占比表现较为稳定（如图 3-17）。从三大区域来看，东部、中部和西部在考察期间的教育支出占比呈现交错变化的趋势。从年份上来看，东部高于中部和西部地区的年份最多，而西部低于东部和中部的年份最多,中部地区居于二者之间,这也说明经济越发达的地区,政府越重视教育。

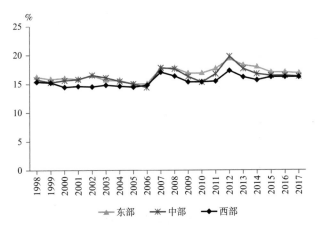

图 3-17　1998—2017 年我国东中西部教育支出占比

若以 2008 年为分界点,在 2008 年国际金融危机爆发之前,东部、中部和西部的教育支出占比在 2006 年之前稳定在 15% 左右,之后 2007 年突然增加 3% 左右,而后在 2008 年除西部有所下降之外,东部和中部均无明显变动。2008 年危机发生之后,三大地区的教育支出占比均大幅下降,并在 2010 年触底回升,但在 2012年之后该占比持续走低。

从增长趋势上来看,1998—2017 年,我国财政在医疗卫生上的支出占比表现出增加的趋势(如图 3-18)。从三大区域上来看,东部、中部和西部也呈现交错增加的趋势。从年份上来看,东部低于中西部的年份最多,中部高于东西部的年份最多,而西部大部分年份里其占比处于东部和中部之间。

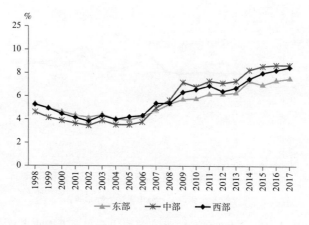

图 3-18 1998—2017 年我国东中西部医疗卫生支出占比

　　若以 2008 年为时间节点，在 2008 年之前，东部、中部和西部教育支出均在 2006 年开始明显上升；2008 年，三大地区的教育支出占比基本趋于一致，即均在 5.5% 左右；在 2008 年之后，三大地区的教育支出占比均大幅上升，而后至 2017 年，三个占比均呈现波动上升的趋势。

　　从总体趋势上来看，1998—2017 年我国东中西部社会保障和就业支出在财政上的占比表现出趋于一致的走向（如图 3-19）。从三大区域来看，在考察期内，东部始终低于中部和西部，中部始终高于东部和西部，而西部始终处于二者之间。

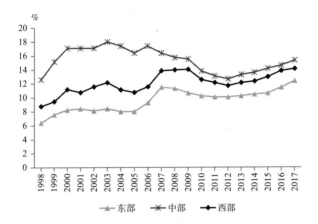

图 3-19　1998—2017 年我国东中西部社会保障和就业支出占比变动

　　若以 2008 年为时间分界点，在 2008 年之前，东部和西部的社会保障和就业支出占比呈现上升趋势，而中部则表现出先增加后下降的趋势；在 2008 年之后，西部仅略微有所增加，东部和中部均有所降低，但东部地区下降幅度更大，而后至 2017 年，三大地区均表现出先下降后上升的走向。

第 4 章　民生财政支出的经济效应

4.1　民生财政支出对经济增长影响的研究

4.1.1　理论分析

（一）财政支出与经济增长关系的讨论

经济增长是经济学理论研究长期关注的核心问题。在经济增长相关研究中，财政支出与经济增长的关系也是研究的重点领域之一。在古典经济学视野中，财政支出根据政府财政收入以及相关职能而设定。受到当时自由主义思想的影响，古典经济学家认为政府应尽量将自己的职能缩小，减少国家财政支出，从而可以促进经济增长。马克思主义政治经济学在研究人类社会发展一般规律的基础上，揭示了财政本质以及财政支出的运行规律，并指出财政支出需要满足社会再生产与社会共同消费的需要，以推动社会进步。凯恩斯学派的学者认为仅仅依靠市场机制无法解决所面临的经济问题，需要政府进行干预，而政府干预的主要手段则是财政政策。此后，货币学派和供给学派并不认同财政支出对经济增长的积极作用，前者认为政府财政政策是造成经济波动的原因，后者则认为释放对供给方面的束缚必然要缩小政府财政支出规模。与此同时，大量实证研究没能给出财政支出与经济增长关系的一致性结论。

应该看到,财政支出与经济增长关系的理论研究主要受到自由放任市场机制和政府干预市场运行两种方式或理念的影响:在强调市场机制作用的理论中,政府财政支出对经济增长的作用有限,应当适度控制财政支出规模;在强调政府干预市场运行的理论中,政府财政支出对经济增长存在积极作用。同时,实证研究受到样本数据的影响而结论不一,这主要是因为不同国家所处的经济发展阶段并不一样,所面临的经济社会问题也各有差异。因此,研究民生财政支出与中国经济增长的关系,还需要从我国的制度环境、经济发展水平、经济社会主要矛盾等方面入手分析。

(二)民生财政支出与经济增长关系的讨论

近 30 多年来,中国经济实现了快速增长。从经济总量看,国内生产总值从 1978 年的 3678.7 亿元增长到 2015 年的 689052.1 亿元,增长了约 186 倍;从人均经济总量看,人均国内生产总值从 1978 年的 385 元增长到 2015 年的 50251 元,增长了约 130 倍。从世界范围来看,中国于 2010 年超越日本成为全球第二大经济体。按照世界银行的标准,中国在 1997 年第一次从"低收入国家"进入"中等收入国家"行列,并于 2010 年跻身"中等偏上收入国家"行列。

在看到发展成绩的同时,也应该清醒地看到,中国经济社会发展在平衡性、协调性和可持续性等方面还存在着许多问题。一些问题产生的波及效应超出了经济领域,进而引发了一系列的社会问题,对中国经济持续健康发展产生了严重影响。究其原因,我国财政支出长期以来存在明显的偏向性特征,用于基本建设、市政建设等方面的生产性支出占财政总支出的绝大份额,而教育、医疗、社会保障和就业等民生财政支出却严重不足(张宇,2013)。

造成这种偏向的主要原因在于政府对不同类型支出的定位不同。一般认为,与社会物质资本生产直接相关的生产性支出对经济增长具有促进作用,而用于教育、医疗卫生和社会保障等方面的支出则主要用于解决社会的民生问题,不具有生产性。并且,民生支出的增加以及由此引发的税收增长会对生产性支出和私人投资产生"挤出效应",从而不利于物质资本的积累,阻碍经济的发展。因此,在以经济绩效为主要考核标准的晋升机制下,地方政府更愿意增加生产性财政支出而不是民生财政支出。

同时,随着我国进入中等偏上收入国家行列,关于中国能否跨越"中等收入陷阱"的忧虑也在增加。从历史经验上看,对于一些处于转型期的中等收入国家来说,经济增长放缓导致居民绝对收入增加乏力、收入预期降低、收入差距扩大,由此引发了一系列社会问题,多数国家被迫采取扩大非生产性公共支出来缓解社会矛盾,出现了超越经济发展阶段的"福利赶超",进而对经济增长产生不利影响(蔡昉,2011;时磊、刘志彪,2013)。

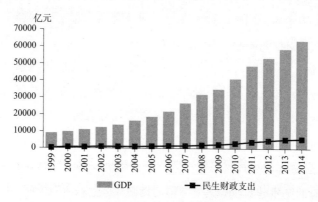

图 4-1 1999—2014 年我国民生财政支出与经济增长

数据来源:根据 2000—2015 年《中国统计年鉴》相关数据整理计算得到。

应当看到,上述以对物质资本积累效果为标准而划分的生产性支出和非生产性支出,忽视了民生财政支出对人力资本积累的促进作用。教育、医疗以及社会保障等民生财政支出可以提高劳动者的受教育水平,保障劳动者的身心健康,从而通过促进人力资本积累带动经济发展。因此,民生财政支出能否促进经济增长需要进行相关的实证研究并加以分析,这对于厘清现阶段我国民生财政支出与经济增长的关系及其作用机制,并在此基础上更好地发挥民生财政支出的积极作用具有重要意义。

(三)文献综述与机制分析

民生财政是公共财政发展到一定阶段的产物,其提出的直接目的就是为了实现财政支出的社会效益,解决百姓关心的民生问题。民生财政是国内学术界特有的概念,国外有关民生财政的研究多在政府社会性支出或非生产性支出中体现。通过增加民生支出来改善社会福利的方式得到了学者们的认同(Ram,2009;赵新宇、姜扬、范欣,2013;宋冬林、姜扬、郑国强,2016),但是对于民生性支出是否能促进经济增长,学者们有较大分歧。古典经济增长理论认为,物质资本的积累是经济增长最重要的推动因素。包括基础设施建设在内的生产性支出有利于促进物质资本形成和积累,而财政支出中的教育、社会保障、医疗卫生等民生性支出不利于物质资本积累。因此,应加大生产性支出,增加物质资本投资。不少学者通过实证分析方法对此进行了论证:Grier 和 Tullock(1989)以及 Barro(1990)利用多个国家的数据进行了实证检验,研究发现政府的基本建设支出等生产性支出可以促进经济增长率和储蓄率的提高,但非生产性支出的增加会降低经济增长率和储蓄率。付文林和沈坤荣(2006)对中国财政支出的经济效应的实证研究也得出了相似的结论,中国经济建设性支出比重的提高有利于经济增长,而文教费等社会性支出比重与经济增长率之间则为负向的因果关系。

不可否认的是,一些国家高额度的生产性支出并没有带来预期的经济增长。这说明生产性支出并非越多越好,若生产性支出规模超出了地区经济的适用范围,则可能抑制经济增长(严成樑、龚六堂,2009)。在最优状态下,生产性支出与非生产性支出的比值应该取决于这两项支出对生产的贡献度之比(Devarajan,Swaroop & Zou,1996)。因此,应保证社会性支出在财政总支出中占据一定比例。同时,一些学者的研究表明,生产性支出不具有长期增长效应,单纯依靠增加生产性支出和物质资本的积累只能带动经济的短期增长,为实现经济的长期可持续发展,必须注重以民生性支出为代表的社会性支出。廖楚晖和余可(2006)利用中国1995—2004年省际面板数据研究发现,基建支出等生产性支出对长期经济增长不具有促进作用,而一些非生产性支出却能够长期拉动经济增长。朱迎春(2013)利用中国1978—2010年的时间序列数据对公共支出的增长效应进行了研究,结果表明生产性支出短期内有利于经济增长,长期对经济增长产生负效应;科教文卫等社会性支出具有可持续的经济增长效应。

内生经济增长理论认为经济增长的持续动力是人力资本。Lucas(1988)、Campos和Pradhan(1996)等研究表明,如果人力资本对社会的外部性不能通过市场得到有效补偿,则私人对人力资本的投资会低于社会最优水平,所以政府的支出干预必不可少。因此,增加社会性支出,利用其对人力资本的促进作用进而带动地区发展是政府实现经济长期增长的关键途径。Buiter和

Kletzer（1993）、Anand 和 Ravallion（1993）认为，社会性支出可以提高居民健康水平和基础教育水平，从而促进人力资本的积累，带动经济增长。中国经济增长与宏观稳定课题组（2006）的研究表明，通过社会性支出的增加，可以促进人力资本积累，推动增长路径的转变，实现经济长期健康发展。从民生性支出的各个分项来看，教育、社会保障与就业、医疗卫生等支出都对人力资本积累具有重要作用，从而影响着经济的发展；Blankenau 和 Simpson（2004）等认为教育是人力资本积累的主要渠道，政府的教育支出是经济增长的重要引擎。才国伟和刘剑雄（2014）认为，政府的公共教育投资兼具融资效应和保险效应，能够促进居民进行教育投资从而提高整个社会的人力资本水平，促进经济的增长。Bellettini 和 Berti Ceroni（1999）认为，社会保障对财富的再分配职能可以减少人力资本的投资风险，对人力资本投资具有正向效应，从而促进了经济增长。郭凯明和龚六堂（2012）认为，社会保障可以替代家庭养老，使得父母的生育意愿降低，转而增加子女的教育投入，因此加大社会保障支出有利于人力资本积累和经济增长。Fougère 和 Mérette（1999）认为健康支出会通过改善劳动生产率、增加人力资本投资机会等多个渠道促进经济增长。兰相洁（2013）及何凌霄、南永清和张忠根（2015）对中国数据的实证研究也同样表明，政府医疗和卫生支出可以改善医疗卫生状况，提高人力资本水平，进而在一定程度上促进经济的可持续增长。

通过对相关文献梳理，可以发现，对于民生性支出经济效用的研究，学者们由于考察角度、对象不同，得出的结论并不统一。已有文献或同时考察生产性支出和民生性支出如何通过物质资本影响经济发展，或单独考察民生性支出如何通过人力资本影响经济发展，很少有学者同时考虑到民生性支出对物质资本和人力资本的共同作用。因此，本章将民生性支出、物质资本、人力资本纳入同一研究框架中，同时考察民生性支出对物质资本和人力资本的影响，从而发现民生性支出影响经济增长的作用机制。同时，考虑到不同时期、不同地区民生支出的差异性，本章对民生性支出的经济效用进行了分时期、分地区的考察。同时，本章还具体考察了教育支出、社会保障与就业支出以及医疗卫生支出等分项支出对经济增长的影响，使得结论更具有全面性和稳健性。

4.1.2 民生财政支出与经济增长关系的模型构建

（一）模型设定与变量说明

为验证民生财政支出与经济增长的关系，本章构建了如下的计量模型：

$$G_{it} = \beta_0 + \beta_1 SP_{it} + \beta_2 PC_{it} + \beta_3 HC_{it} + \beta_4 SP_{it} \times PC_{it} + \beta_5 SP_{it} \times HC_{it} + \beta_6 X_{it} + \varepsilon_{it}$$

$$（4-1）$$

在模型中，i 表示省份，t 表示年份，β_0 为常数项向量，β_1、β_2、β_3、β_4、β_5、β_6 为系数向量，ε_{it} 为随机扰动项。

被解释变量 G_{it} 表示经济增长。现有研究主要采用实际 GDP、实际 GDP 增长率、人均 GDP、人均 GDP 增长率等指标，由于我国各省份人口总量和经济发展水平差异较大，绝对性指标不适合各省份之间的横向比较，故采用相对性指标人均 GDP，考虑到其绝对值较大，本章进行了对数化处理。

解释变量 SP_{it} 表示民生财政支出，用民生财政支出占财政总支出的比重表示。民生财政支出包括教育支出、社会保障和就业支出、医疗卫生与计划生育支出、住房保障支出。由于国家统计局于 2010 年开始单独列支分地区的住房保障支出数据，为使得面板数据时间更长、估计更加准确，本章的民生财政支出并不包含住房保障支出。同时，鉴于国家统计局于 2007 年对财政收支统计进行了重新分类，因此 2007 年以前的民生财政支出的分项中，教育支出、社会保障和就业支出、医疗卫生与计划生育支出的数据分别来自政府财政支出中的教育事业费、社会保障支出、卫生经费。由于数据前后的连续性较好，可以认为财政支出的重新分类对民生财政支出的统计内容影响不大，对回归结果亦不会产生实质性的影响。

解释变量 PC_{it} 表示地区物质资本存量，用各省份固定资产总投资占其 GDP 比重表示。HC_{it} 代表地区人力资本存量，用各省份平均受教育年限的对数表示，受教育程度分为小学以下（包括不识字或识字很少、扫盲班、未上过学）、小学、初中、高中、大专及以上，受教育年限分别定为 0 年、6 年、9 年、12 年、16 年。同时，模型中加入民生财政支出与物质资本的交互项 $SP_{it} \times PC_{it}$ 和民生财政支出与人力资本的交互项 $SP_{it} \times HC_{it}$，以便考察民生财政支出对物质资本经济效应和人力资本经济效应的影响。

除此以外，鉴于经济增长还与劳动力、政府以及经济制度有关，因此在控制变量 X_{it} 中，加入了劳动投入、政府规模以及对外开放程度。其中，劳动投入用各省的劳动参与率表示，具体用各省份就业人员占地区总人口比重加以衡量；政府规模用财政支出相当于 GDP 总量比重加以衡量；对外开放程度用进出口贸易总额相当于 GDP 总量比重加以衡量。

（二）数据来源及统计性描述

本章使用的是 2000—2014 年我国 30 个省份的面板数据，西藏由于部分数据难以获得而排除在样本之外。相关数据来源于历年的《中国统计年鉴》、《中国人口统计年鉴》,《新中国 60 年统计资料汇编》及各省历年统计年鉴。表 4-1 是对上述主要变量指标的统计描述。

表 4-1　主要变量的统计描述

变量	样本数	均值	标准差	最小值	最大值
经济增长	450	9.853	0.790	7.916	11.549
民生财政支出比重	450	31.419	5.798	18.126	43.227
物质资本	450	54.769	19.271	25.358	95.957
人力资本	450	2.112	0.119	1.771	2.487
劳动参与率	450	0.544	0.067	0.364	0.720
对外开放程度	450	0.318	0.403	0.000	1.721
政府规模	450	6.978	3.802	0.960	20.769
教育支出比重	450	16.064	2.595	5.631	22.217
社会保障和就业支出比重	450	9.933	4.398	1.010	25.491
医疗卫生与计划生育支出比重	450	5.426	1.607	1.779	11.669

数据来源: 根据 2001—2015 年《中国统计年鉴》、《中国人口统计年鉴》、各省统计年鉴和《新中国 60 年统计资料汇编》整理得到。

4.1.3　实证结果分析

（一）全样本回归估计

有关经济增长的经验研究大多采用的是静态面板数据模型,

静态面板可以有效控制样本中难以观测且不随时间变化的个体效应对回归产生的偏差影响。在采用静态面板数据模型进行研究时，通常使用的方法有：Pooled OLS 回归模型、固定效应回归模型以及随机效应回归模型。为了筛选出与样本数据和模型设定最适合的估计方法，需要采用不同方法进行检验。首先，要通过 Wald 检验比较 Pooled OLS 回归模型和固定效应回归模型的优劣，若检验的原假设被拒绝，则说明固定效应回归模型优于 Pooled OLS 回归模型；然后，通过似然比 LR 检验比较 Pooled OLS 回归模型和随机效应回归模型的优劣，若检验的原假设被拒绝，则说明随机效应回归模型优于 Pooled OLS 回归模型；最后，可以通过 Hausman 检验比较固定效应回归模型和随机效应回归模型的优劣，若检验的原假设被拒绝，则说明固定效应回归模型优于随机效应回归模型。表 4-2 全样本检验中 Wald 检验和 LR 检验均在 1% 的统计水平下显著，说明固定效应回归模型和随机效应回归模型优于 Pooled OLS 模型，Hausman 检验结果分别在 5% 和 1% 的统计水平下显著，说明固定效应回归模型优于随机效应回归模型，因此本章采用固定效应回归模型进行估计。表 4-2 是全样本回归结果，模型（1）反映的是民生财政支出与经济增长的关系，模型（2）中加入了物质资本、人力资本以及相关控制变量，模型（3）是在模型（2）的基础上加入了民生财政支出与物质资本的交互项和民生财政支出与人力资本的交互项，以便进一步分析民生财政支出对经济增长的作用机制。通过模型结果可以发现，除了变量系数值不同以外，变量的方向和显著性都基本保持一致，模型具有稳健性。

首先，物质资本、人力资本对经济增长的影响为正，且在 1% 统计水平下显著。说明物质资本存量和人力资本存量能够推动经济增长。具体来讲，物质资本存量每上升 1 个单位，人均 GDP 会提高 0.015 个单位。物质资本作为主要的生产要素之一，显著地推动了经济增长。人力资本存量每上升 1 个单位，人均 GDP 会提高 3.592 个单位，这与内生增长理论所强调的人力资本对经济增长的促进作用相符合，人力资本是技术进步和劳动生产率提高的关键因素，是经济增长重要的推动力。

其次，通过对民生财政支出影响经济增长作用机制的分析可以发现：一方面，民生财政支出与物质资本的交互项在 1% 统计水平下显著为负，说明民生财政支出会抑制物质资本经济效应的发挥。民生财政支出比重的增加对生产性支出有挤出效应，进而生产性支出比重降低导致社会物质资本积累的减少，从而不利于经济的增长，因此民生财政支出会通过影响物质资本积累阻碍经济增长；另一方面，民生财政支出与人力资本的交互项在 1% 统计水平下显著为正，说明民生财政支出可以使人力资本更好地发挥作用，从而促进经济的进一步增长。

表 4-2　民生财政支出对经济增长影响的全样本估计结果

	模型（1）	模型（2）	模型（3）
民生财政支出	0.096*** （0.004）	0.025*** （0.003）	0.024*** （0.002）
物质资本		0.013*** （0.001）	0.015*** （0.001）
人力资本		3.732*** （0.248）	3.592*** （0.239）
民生财政支出× 物质资本			−0.001*** （0.000）
民生财政支出× 人力资本			0.001*** （0.000）
劳动参与率		1.349*** （0.384）	0.771** （0.379）

（续表）

	模型（1）	模型（2）	模型（3）
政府规模		0.023** （0.010）	0.026*** （0.009）
对外开放程度		0.143** （0.066）	0.138** （0.063）
截距项	6.848*** （0.118）	−0.474 （0.466）	0.084 （0.453）
Wald检验	34.08***	25.55***	26.76***
LR检验	405.29***	313.23***	322.73***
Hausman检验	9.30**	64.11***	78.83***
样本数	450	450	450
Adj−R^2	0.735	0.947	0.951

注：（1）***、** 分别表示 1%、5% 的显著性；（2）表中括号内的数值是稳健型标准误（se.）。

最后，民生财政支出对经济增长的影响为正，并且在 1% 统计水平下显著。具体来讲，民生财政支出比重每上升 1 个单位，人均 GDP 会提高 0.024 个单位，说明在综合考虑民生财政支出对物质资本和人力资本的正反两方面作用以后，民生财政支出仍然具有经济增长效应，提高民生财政支出的比重可以促进经济增长。

通过对控制变量的分析可以发现，加入的控制变量对经济增长有显著的促进作用，具体而言，劳动参与率增加、政府规模扩大、对外开放程度提高都能够有效地促进经济增长。

（二）分地区回归估计

由于我国东中西三大地区在地理位置、自然资源和发展战略上存在较大差异，导致东中西三大地区的经济发展水平产生巨大差距，财政支出一直呈现不均衡状态，民生财政支出比重也各不相同,其对经济增长的效果也可能会有不同。因此,本节将样本分为东部经济发达地区和中西部经济欠发达地区,对民生财政支出的经济效应进行分地区比较,结果见表4-3。

表4-3　民生财政支出对经济增长影响的分地区估计结果

	模型（1）	模型（2）
民生财政支出	0.010** （0.004）	0.027*** （0.003）
物质资本	0.014*** （0.001）	0.015*** （0.001）
人力资本	3.536*** （0.395）	3.351*** （0.316）
民生财政支出×物质资本	−0.001*** （0.000）	−0.001*** （0.000）
民生财政支出×人力资本	0.001 （0.001）	0.001*** （0.000）
截距项	0.665 （0.729）	0.328 （0.650）
样本数	165	285
$Adj-R^2$	0.962	0.929

注:（1）***、** 分别表示 1%、5% 的显著性;（2）表中括号内的数值是稳健型标准误（se.）。

由表4-3的回归结果可知,民生财政支出对东部地区和中西部地区的经济增长均有促进作用。具体来讲,东部地区民生财政支出比重每提高1个单位,人均GDP会提高0.01个百分点;中西部地区民生财政支出比重每提高1个单位,人均GDP会提高0.027个百分点。这说明民生财政支出对中西部地区经济增长的促进作用要大于东部地区。近些年来,国家先后实施了西部大开发、中部崛起等发展战略,为中西部地区提供了较多的财政优惠政策,同时国家对西部地区的民生问题也更加关注,因而中西部的民生财政支出对经济发展的贡献也更为显著。

从作用机制来看,对于物质资本,东部和中西部民生财政支出比重的提高都不利于发挥其对经济增长的促进作用,说明民生财政支出对物质资本积累的阻碍作用在各地区都存在。对于人力资本,东部地区民生财政支出比重的提高能够促进其经济效应的发挥,但效果不明显。而对于中西部地区来说,民生财政支出比重的提高能显著提高人力资本对经济增长的推动作用。东部地区本身占有优越的教育、医疗以及就业资源,人才竞争激烈,民生财政支出的增加对人力资本的边际贡献较低,民生财政支出的提高不能有效发挥人力资本的经济效应,而中西部地区教育、医疗以及就业等资源远不如东部地区,民生财政支出的增加可以改善中西部地区的教育环境和医疗水平,对人力资本形成和积累的边际贡献较大,更能发挥出人力资本对经济增长的促进作用。这也可能是中西部地区民生财政支出对经济增长作用更强的另外一个原因。

(三)分阶段回归估计

考虑到民生财政支出对中国的经济增长可能有动态影响,在不同阶段民生财政支出对经济增长的影响可能不同。本节对数据进行分阶段回归,由于样本数据仅有 15 年观察年限,同时考虑到 2008 年国际金融危机以及政府经济刺激计划对财政结构的影响,本节只以 2008 年为界限分两阶段进行回归。表 4-4 中的模型(1)为 2000—2007 年的数据,模型(2)为 2008—2014 年的数据。

由检验结果可知,随着时间的推移,我国民生财政支出比重的提高对经济增长的积极作用开始不显著,甚至已经由积极转为消极。主要原因可能在于政府为应对经济危机而增加的财政投资更多地流入基础设施等生产领域。虽然整体来看我国民生财政支出对物质资本的经济效应有抑制作用，但分阶段检验结果表明，各阶段民生财政支出对物质资本的作用效应均不明显。主要原因可能在于，虽然长期来看民生财政支出比重不断提高，但相对于财政的生产性支出，我国民生财政支出比重一直处于较低水平，短时间内看，其对生产性支出的挤出作用并不明显。对于人力资本来说，民生财政支出不但没有明显促进其经济效应的发挥，反而对其经济效应有所抑制，这也导致了民生财政支出自身的经济增长效应逐渐变得不再明显。

表4-4　民生财政支出对经济增长影响的分阶段估计结果

	模型（1）	模型（2）
民生财政支出	0.012*** （0.003）	−0.003 （0.006）
物质资本	0.018*** （0.002）	0.007*** （0.001）
人力资本	2.616*** （0.364）	3.262*** （0.294）
民生财政支出×物质资本	−0.001 （0.001）	0.001 （0.001）
民生财政支出×人力资本	0.001 （0.001）	−0.001* （0.000）
截距项	1.291* （0.692）	1.353** （0.596）
样本数	240	210
Adj−R²	0.943	0.950

注：（1）***、**、*分别表示1%、5%和10%的显著性；（2）表中括号内的数值是稳健型标准误（se.）。

（四）分项回归估计

为了进一步分析民生财政支出中各分项支出对经济增长的影响，本节将其分解为教育支出、社会保障和就业支出、医疗卫生与计划生育支出，继续采用固定效应模型进行估计（见表 4-5）。

从各分项支出与经济增长的关系来看，教育支出、社会保障和就业支出、医疗卫生与计划生育支出对经济增长的影响均为正，且在 1% 统计水平下显著。说明各分项支出比重的提高可以促进地区经济的增长。具体来看，教育支出比重每提高 1 个单位，经济增长会提高 0.042 个百分点；社会保障和就业支出比重每提高 1 个单位，经济增长会提高 0.028 个百分点；医疗卫生与计划生育支出比重每提高 1 个单位，经济增长会提高 0.064 个百分点。从系数绝对值可以发现，在各分项支出中，医疗卫生与计划生育支出对经济增长的贡献最大，其次是教育支出，最后是社会保障和就业支出。政府对教育的支出可以提高劳动力素质，推动科学技术的发展，从而带动经济增长；对医疗卫生的投入可以保障劳动者的身心健康，从而提高劳动生产率；社会保障和就业支出具有一定的"收入效应"，它能够提高居民的消费水平和投资水平，从而推动经济增长。

表 4-5　民生财政支出分项对经济增长影响的估计结果

	模型（1）	模型（2）	模型（3）
教育支出	0.042*** （0.007）		
教育支出×物质资本	−0.001 （0.001）		
教育支出×人力资本	0.012 （0.010）		

（续表）

	模型（1）	模型（2）	模型（3）
社会保障和就业支出		0.028*** （0.004）	
社会保障和就业 支出×物质资本		−0.001*** （0.000）	
社会保障和就业 支出×人力资本		0.072*** （0.020）	
医疗卫生与 计划生育支出			0.064*** （0.011）
医疗卫生与计划生育 支出×物质资本			−0.003*** （0.001）
医疗卫生与计划生育 支出×人力资本			0.140* （0.074）
物质资本	0.014*** （0.001）	0.016*** （0.001）	0.013*** （0.001）
人力资本	3.940*** （0.264）	3.824*** （0.246）	4.477*** （0.244）
截距项	−1.247** （0.483）	−0.150 （0.479）	−1.228*** （0.464）
样本数	450	450	450
$Adj-R^2$	0.940	0.950	0.945

注：（1）***、**、*分别表示1%、5%和10%的显著性；（2）表中括号
内的数值是稳健型标准误（se.）。

从各分项支出与物质资本和人力资本的关系来看，教育支出
与物质资本的交互项以及教育支出与人力资本的交互项均不显
著，说明教育支出对物质资本和人力资本经济效应的促进作用并
不明显。一方面，我国教育支出的比重依然过低，这导致教育支出
对发挥人力资本经济效应的效果不佳；另一方面，我国在文化教育
方面的投入在方向和效率方面都存在问题：教育支出带来的更多

是教学设施的改善和招生规模的增加，而不是教育水平的提高，这使得人力资本质量较低，对经济的贡献度差。同时，由于我国教育体制不健全，教育的资源配置不均衡，教育投入的实施效率低，对人力资本质量的提高作用不明显。社会保障和就业支出、医疗卫生与计划生育支出与物质资本的交互项均在 1% 统计水平下显著，社会保障和就业支出、医疗卫生与计划生育支出与人力资本的交互项分别在 1% 和 10% 统计水平下显著。这说明社会保障和就业支出比重的提高以及医疗卫生与计划生育支出比重的提高会抑制物质资本经济效应的发挥，但是可以有效促进人力资本经济效应的发挥。从绝对值来看，社会保障和就业支出、医疗卫生与计划生育支出与物质资本的交互项系数分别为 0.001 和 0.003，社会保障和就业支出、医疗卫生与计划生育支出与人力资本的交互项系数分别为 0.072 和 0.140，说明社会保障和就业支出、医疗卫生与计划生育支出比重的提高对人力资本经济效应的促进作用要远大于对物质资本经济效应的抑制作用。

（五）稳健性检验

上文的实证检验中，被解释变量经济增长与其他解释变量都处于同一期，模型可能存在内生性问题。为了验证上文估计结果的稳健性，本节采用人均 GDP 的 5 年期平均值作为被解释变量，对模型进行全样本的回归估计。

由表 4-6 的估计结果可以发现，以人均 GDP 的 5 年期平均值作为被解释变量的估计结果同样支持前述结论，检验具有稳健性。民生财政支出依然在 1% 统计水平上显著为正，提高民生财政支出比重可以显著促进经济的发展。民生财政支出与物质资本的交互项以及民生财政支出与人力资本的交互项的估计结果也与上文一致,民生财政支出虽然会抑制物质资本经济效应的发挥,但可以通过促使更好地发挥人力资本经济效应,进而推动经济增长。

表 4-6 以人均 GDP 的 5 年期平均值作为被解释变量的估计结果

	模型（1）	模型（2）	模型（3）
民生财政支出	0.071*** (0.004)	0.022*** (0.003)	0.020*** (0.003)
物质资本		0.015*** (0.001)	0.017*** (0.001)
人力资本		2.879*** (0.305)	2.887*** (0.296)
民生财政支出 × 物质资本			−0.001*** (0.000)
民生财政支出 × 人力资本			0.001*** (0.000)
劳动参与率		1.350*** (0.518)	0.825 (0.615)
政府规模		0.034*** (0.012)	0.032*** (0.011)
对外开放程度		0.104 (0.086)	0.118 (0.083)
截距项	7.623*** (0.116)	1.305** (0.564)	1.565*** (0.551)
样本数	330	330	330
Adj−R^2	0.759	0.935	0.939

注:（1）***、** 分别表示 1%、5% 的显著性;（2）表中括号内的数值是稳健型标准误（se.）。

4.1.4 主要结论

本节将民生财政支出、物质资本以及人力资本纳入同一框架中,利用 2000—2014 年 30 个省份（自治区、直辖市）的面板数据考察了民生财政支出对经济增长的影响及作用机制。结果显示，民生财政支出对经济增长具有促进作用，民生支出比重的提高会阻碍物质资本的积累，但是促进了人力资本的积累，从而对经济增长具有推动作用。这意味着提高民生财政支出在解决上学难、看病难、就业难等民生问题的同时，也提升了社会的人力资本，从而促进了各地区经济的增长。

此外，本节的分组检验考察了不同地区、不同时期民生财政支出对经济增长的作用效果及作用机制。分地区来看，中西部民生财政支出对经济增长的促进作用要大于东部地区。对于物质资本，东部和中西部民生财政支出比重的提高都不利于发挥其对经济增长的促进作用；对于人力资本，中西部地区民生财政支出对经济增长的正向影响比东部地区更为显著。分时段来看，2008 年国际金融危机以及政府生产性支出为主的经济刺激计划，使得我国民生财政支出对经济增长的作用已经由积极转为消极。同时，本节还考察了民生财政支出各分项的经济效应及其作用途径，其中，民生财政支出的各分项均能促进经济增长，但教育支出对物质资本和人力资本经济效应的影响并不明显，社会保障和就业支出、医疗卫生与计划生育支出对人力资本经济效应的促进作用要大于对物质资本经济效应的抑制作用。同时，以人均 GDP 的 5 年平均值为被解释变量进行的检验结果说明结论具有稳健性。

本节的直接政策意义是：首先，要改善财政支出结构，进一步扩大教育、社会保障与就业以及医疗卫生等民生性支出在总支出中的比重，充分发挥其对人力资本的积极作用，从而促进经济增长。其次，继续加大中西部民生性支出的力度，改善教育和医疗环境，促进人力资源的形成和积累。最后，要注重提高民生性支出的效率,完善民生性支出绩效的考核制度,使得民生性支出真正发挥在改善民生和促进经济增长中应有的作用。

4.2 民生财政支出对居民消费影响的研究

4.2.1 问题提出与模型构建

(一)问题的提出

一般认为,投资、消费、出口是需求侧推动经济增长的"三驾马车"。长期以来,投资驱动是中国经济增长的最主要力量。与此同时,消费对经济增长的作用曾被忽视或难以启动。我国居民消费需求不振,使得长期依靠投资的增长方式遇到瓶颈,经济增长缺乏内在动力。对居民消费水平的拉动,除了要调节收入分配体系、加大供给侧改革力度以外,也需要重视民生财政支出对消费的积极作用。

应该看到,近年来我国民生财政支出不断增加,与此同时消费对我国经济增长的贡献率也出现了增长趋势。2015年和2016年,消费对经济增长的贡献率都超过了三分之二。那么,民生财政支出增加与消费贡献率增长之间是否存在联系呢?应当看到,民生财政支出对居民消费有"挤入效应"和"挤出效应"两种作用。其中,挤入效应是指社会保障支出和住房保障支出等民生财政支出可以调节居民的收入再分配,增加低收入人群的可支配收入,放松居民的消费预算约束。教育支出和医疗卫生与计划生育支出等民生财政支出可以提高居民的人力资本水平,提高其获得收入的能力,同时降低了对未来不确定性因素的预期,减少居民的预防性储蓄,从而带动社会的消费。同时,民生财政支出可能会减少居民原本对教育和住房等方面的消费支出,并且因财政支出增加引致的税收增加也可能会降低居民的消费水平,挤出了社会消费。因此,民生财政支出能否促进我国居民消费水平需要具体考察。

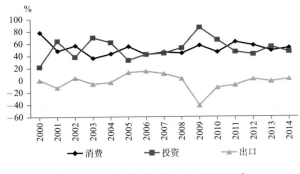

图 4-2　三大需求对 GDP 的贡献率

数据来源:根据 2001—2015 年《中国统计年鉴》相关数据整理计算得到。

(二)模型设定及变量说明

为验证民生财政支出对居民消费的影响,本节设定模型如下:

$$\ln C_{it} = \beta_0 + \beta_1 \ln SP_{it} + \beta_2 X_{it} + \varepsilon_{im} \qquad (4-2)$$

模型中,i 表示省份,t 表示年份,β_0 为常数项向量,β_1、β_2 为系数向量,ε_{it} 为随机扰动项。

C_{it} 为被解释变量居民消费水平,用地区居民人均总消费支出的对数衡量,分项中它分别表示居民生存型消费和发展型消费,其中生存型消费用地区居民人均食品消费支出、人均衣着消费支出、人均居住消费支出以及人均交通通信消费支出的总和表示,发展型消费用地区居民人均文教娱乐消费支出、人均医疗保健消费支出、人均家庭设备消费支出以及其他消费支出的总和表示。

SP_{it}为民生财政支出的主要解释变量。与前文相同,受数据获取年限的影响,民生财政支出只包括政府教育支出、医疗卫生与计划生育支出、社会保障和就业支出,用地区民生教育支出、医疗卫生与计划生育支出、社会保障和就业支出总和的对数表示。

X_{it}为一组可能会影响居民消费水平的控制变量,主要包括:(1)经济发展水平,用人均 GDP 的对数表示;(2)城镇化水平,用地区城镇人口占总人口比重表示;(3)老龄化水平,用地区老年人口抚养比表示;(4)产业结构,用第二产业比重表示;(5)通货膨胀水平,用地区 CPI 指数表示;(6)城乡收入差距,用城镇居民可支配收入与农村居民人均纯收入的比值表示。

(三)数据来源及统计性描述

本节使用的是我国 30 个省份 2002—2012 年的相关数据,西藏地区由于部分数据难以获得而排除在样本之外。相关数据来源于历年《中国统计年鉴》及各省统计年鉴。表 4-7 是对上述主要变量的统计性描述。

表4-7　主要变量的统计性描述

变量	样本数	均值	标准差	最小值	最大值
总消费支出	330	9.438	0.420	8.655	10.551
民生财政支出	330	7.026	0.897	4.525	8.908
教育支出	330	5.188	0.966	2.443	7.314
医疗卫生与计划生育支出	330	4.048	1.074	1.222	6.225
社会保障和就业支出	330	4.619	1.154	1.743	6.590

（续表）

变量	样本数	均值	标准差	最小值	最大值
人均GDP	330	9.865	0.701	8.089	10.516
城镇化水平	330	0.483	0.149	0.251	0.893
老龄化水平	330	12.313	2.435	7.000	21.900
产业结构	330	0.469	0.077	0.227	0.590
CPI	330	102.743	2.311	97.700	110.100
城乡收入差距	330	3.030	0.591	1.955	4.759

4.2.2　实证结果分析

（一）基准回归

与上节类似，模型估计前需要对模型类型进行检验，由 Hausman 检验结果可知，需采用固定效应模型进行估计。表 4-8 是采用固定效应回归模型计算的全样本回归结果，其中模型（1）反映的是民生财政支出与居民消费水平的关系，模型（2）在模型（1）的基础上加入了其他影响居民消费水平的控制变量。通过模型结果可以发现，除了变量系数值不同以外，变量的方向和显著性都基本保持一致，模型具有稳健性。

表 4-8　民生财政支出与居民消费水平基准回归结果

	模型（1）	模型（2）
民生财政支出	0.493*** （0.006）	0.083*** （0.019）
人均GDP		0.634*** （0.029）
城镇化		−0.268 （0.193）

（续表）

	模型（1）	模型（2）
老年人口抚养比		-0.005^{**} （0.002）
第二产业比重		-0.879^{***} （0.100）
CPI		-0.001 （0.001）
城乡收入差距		0.013 （0.017）
截距项	5.978^{***} （0.042）	3.301^{***} （0.151）
Hausman检验	34.81^{***}	106.90^{***}
$Adj-R^2$	0.931	0.953
样本数	330	330

注：（1）***、** 分别表示 1%、5% 的显著性；（2）表中括号内的数值是稳健型标准误（se.）。

由检验结果可知，民生财政支出对居民消费水平的影响系数为正，且在 1% 统计水平下显著，说明民生财政支出能够显著促进居民消费水平的提高。具体来讲，民生财政支出每提高 1 个单位，居民消费水平会提高 0.083 个单位。民生财政支出能够改善收入分配，直接增加了低收入群体的收入水平，放松了居民的收入约束，提高了其消费水平；教育支出、医疗卫生与计划生育支出等可以提高居民的收入预期，提高了其消费倾向。因此，民生财政支出对居民消费具有挤进效应。

由控制变量可知，人均收入对居民消费水平的影响系数为正，且在 1% 统计水平下显著，说明人均收入的提高可以显著促进消费的增长。收入的增加会使居民追求更高水平的生活，必然导致消费的增加。城镇化的发展会降低居民的消费水平,但效果并不显著。由于居民的消费观点和消费习惯具有惯性,城镇化发展中原来的农村居民消费转变具有时滞性,同时城市生活的高成本也挤占了消费,但这种影响效果不大。老龄化水平对居民消费水平的影响系数为负,且在 5% 统计水平下显著,说明老龄化水平的提高会降低居民的消费水平。老年人在衣食住行等方面的消费欲望和能力都低于年轻人,民生财政支出的增加也会降低其在医疗养老上的消费水平,因此老龄化的发展会降低居民的消费水平。产业结构对居民消费水平的影响为负,且在 1% 统计水平下显著,说明第二产业比重的提高会显著降低居民的消费水平。产业结构决定了产品供给结构,我国居民消费需求已经从衣食住行等生活必需品转向文教娱乐等发展与享受型消费品,而第二产业比重的提高挤占了第三产业的发展,使得产品结构不能适应消费需求的发展,因此降低了居民的消费水平。CPI 的增加会降低居民的消费水平,但效果并不明显。通货膨胀造成居民的实际收入缩水,对未来的收入水平也会有下降的预期,降低了居民的消费水平。城乡收入差距的扩大提高了居民的消费水平,但效果不明显。收入较高的城镇居民的高水平消费所产生的示范作用会导致收入较低的农村居民不断地提高其消费水平,但较大的城乡收入差距也可能会使农村居民为了增加收入,不断提高储蓄水平,从而抑制消费,因此其对消费的影响不显著。

(二)民生财政支出分层样本检验

我国东西部地区在地理位置和发展战略上存在较大差异,城乡之间也因户籍制度而存在着二元体制,导致地区和城乡之间的社会经济发展水平产生巨大差距,民生财政支出规模也不尽相同,其对居民消费水平的影响也可能会有所不同。因此,本节将样本按地区和城乡进行分层,以全面考察民生财政支出对消费的影响(见表4-9)。

表4-9 民生财政支出与居民消费水平分层回归结果

	模型(1)	模型(2)	模型(3)	模型(4)	模型(5)
民生财政支出	0.194*** (0.040)	−0.012 (0.028)	0.175*** (0.032)	0.115*** (0.027)	0.072*** (0.021)
人均GDP	0.513*** (0.062)	0.731*** (0.045)	0.385*** (0.050)	0.658*** (0.041)	0.624*** (0.031)
城镇化	−0.474** (0.235)	0.252 (0.326)	0.504 (0.396)	−0.050 (0.270)	−0.345* (0.204)
老年人口抚养比	−0.003 (0.002)	0.007 (0.006)	−0.009** (0.004)	0.003 (0.003)	−0.007*** (0.002)
第二产业比重	−0.656*** (0.179)	−0.911*** (0.211)	−0.196 (0.153)	−1.147*** (0.140)	−0.766*** (0.106)
CPI	−0.001 (0.002)	−0.002 (0.002)	−0.001 (0.002)	0.000 (0.002)	−0.002 (0.001)
城乡收入差距	−0.019 (0.034)	−0.051 (0.044)	0.029 (0.024)	−0.120*** (0.024)	0.054*** (0.018)
截距项	3.693*** (0.285)	2.924*** (0.300)	4.495*** (0.208)	1.647*** (0.211)	3.105*** (0.160)
Adj−R^2	0.992	0.988	0.991	0.979	0.983
样本数	121	88	121	330	330

注:(1)***、**、*分别表示1%、5%和10%的显著性;(2)表中括号内的数值是稳健型标准误(se.)。

本节将地域分为东中西三部分,通过地域分层来考察民生财政支出对居民消费水平的影响。表4-9中的模型(1)—模型(3)分别为东中西三大地区的检验结果,实证结果显示:对于东部和西部,民生财政支出对居民消费水平的影响系数为正,且在1%统计水平下显著。具体来讲，民生财政支出每提高 1 个单位，东部居民消费水平会提高 0.194，西部居民消费水平会提高 0.175，这说明民生财政支出可以显著提高东部和西部居民的消费水平。对于中部，民生财政支出对居民消费水平的影响为负，民生财政支出对居民消费具有"挤出效应"，但效果并不显著，说明民生财政支出并不能有效带动中部居民的消费。相比较于东部经济的快速发展以及西部受"西部大开发"政策的大力扶持，中部一直处于政策的边缘，为实现"中部崛起"，其更多的是增加生产性支出的比重，对民生财政支出的比重较低，对居民消费的影响也不显著。

此外，本节将样本分为城镇和农村两部分，通过城乡分层来考察民生财政支出对居民消费水平的影响。表 4-9 中的模型（4）和模型（5）分别为农村居民和城镇居民的检验结果，实证结果显示：民生财政支出对农村居民和城镇居民消费水平的影响系数均为正，说明无论对农村居民还是城镇居民，民生财政支出均能够提高居民消费水平。具体来讲，民生财政支出每提高 1 个单位，农村居民消费水平会提高 0.115，城镇居民消费水平会提高 0.072。从系数上可以看出，民生财政支出对农村居民消费水平的促进作用要大于城镇居民。农村居民的收入水平和消费水平都远低于城镇地区，民生财政支出对农村居民的边际效应大于城镇居民，对农村居民消费水平的促进作用也大于城镇居民。

（三）民生财政分项支出与居民消费

全样本和分层样本结果都显示民生财政支出能够提高居民的消费水平，为了进一步分析民生财政各分项支出对居民消费的影响，本节将其分解为教育支出、医疗卫生与计划生育支出、社会保障和就业支出，继续采用固定效应模型进行分析。

由检验结果（见表4-10）可知，教育支出、医疗卫生与计划生育支出、社会保障和就业支出对居民消费水平的影响系数均为正且分别通过了1%和5%统计水平下的显著性检验，说明民生财政支出的各个分项均能够显著提高居民的消费水平。具体来说，教育支出每提高1个单位，居民消费水平会提高0.073；医疗卫生与计划生育支出每提高1个单位，居民消费水平会提高0.046；社会保障和就业支出每提高1个单位，居民消费水平会提高0.014。从系数值上看，教育支出对居民消费水平的促进作用最大，医疗卫生与计划生育支出其次，社会保障支出最低。子女的教育和家庭的医疗支出一直是我国居民担心的重要事情，通常居民会为子女的教育和自身日后的看病养老进行储蓄，而政府教育支出、医疗卫生与计划生育支出降低了居民未来在这方面的支出预期，使得居民减少预防性储蓄，增加现期消费。

表4-10 民生财政分项支出与居民消费水平回归结果

	模型（1）	模型（2）	模型（3）
教育支出	0.073*** (0.016)		
医疗卫生与计划生育支出		0.046*** (0.012)	
社会保障和就业支出			0.014** (0.007)
人均GDP	0.412*** (0.060)	0.478*** (0.051)	0.633*** (0.042)
城镇化	−0.215 (0.190)	−0.236 (0.193)	−0.144 (0.195)
老年人口抚养比	−0.004** (0.002)	−0.006*** (0.002)	−0.005** (0.002)
第二产业比重	−0.870*** (0.100)	−0.931*** (0.099)	−0.889*** (0.106)

（续表）

	模型（1）	模型（2）	模型（3）
CPI	-0.002^{*} （0.001）	-0.001 （0.001）	-0.002^{**} （0.001）
城乡收入差距	0.015 （0.017）	0.009 （0.017）	-0.002 （0.018）
截距项	3.496^{***} （0.174）	3.423^{***} （0.176）	3.176^{***} （0.171）
样本数	330	330	330
$Adj-R^2$	0.986	0.985	0.986

注：（1）***、**、* 分别表示 1%、5% 和 10% 的显著性；（2）表中括号
内的数值是稳健型标准误（se.）。

（四）民生财政支出与不同类型居民消费

民生财政支出对不同类型的消费的影响可能存在差异，需进
一步考察民生财政支出的异质性。按照消费的目的，本节将居民
的消费分为生存型消费和发展型消费。生存型消费指居民为了满
足自身生存所必不可少的消费，包括居民的食品、衣着、居住以及
交通等方面的消费。发展型消费是指居民为满足自身发展而进行
的物质和精神层面的消费，包括文教娱乐、医疗保健等方面的消
费。考虑到农村居民和城镇居民在这两种类型的消费比重上可能
存在一定差异，因此本节继续按城乡分层，考察民生财政支出对居
民生存型消费和发展型消费的影响。表 4-11 中模型（1）和模型
（2）分别为民生财政支出对农村居民生存型消费和发展型消费的
影响，模型（3）和模型（4）分别为民生财政支出对城镇居民生存
型消费和发展型消费的影响。

表4-11 民生财政支出与不同类型的消费回归结果

	模型（1）	模型（2）	模型（3）	模型（4）
民生财政支出	0.144*** (0.027)	0.024 (0.043)	0.095*** (0.020)	0.035 (0.029)
人均GDP	0.637*** (0.041)	0.725*** (0.064)	0.651*** (0.030)	0.592*** (0.044)
城镇化	−0.167 (0.269)	0.350 (0.424)	−0.465** (0.201)	−0.191 (0.291)
老年人口抚养比	0.001 (0.003)	0.007 (0.005)	−0.007*** (0.002)	−0.008** (0.003)
第二产业比重	−1.194*** (0.140)	−1.048*** (0.220)	−0.958*** (0.104)	−0.477*** (0.151)
CPI	0.003 (0.002)	−0.008*** (0.003)	0.000 (0.001)	−0.005*** (0.002)
城乡收入差距	−0.076*** (0.024)	−0.263*** (0.038)	0.036** (0.018)	0.089*** (0.026)
截距项	1.089*** (0.211)	1.166*** (0.332)	2.174*** (0.157)	2.767*** (0.228)
样本数	330	330	330	330
Adj−R^2	0.979	0.946	0.985	0.957

注：（1）***、** 分别表示 1%、5% 的显著性；（2）表中括号内的数值是稳健型标准误（se.）。

由检验结果可知，民生财政支出对农村居民生存型消费的影响系数为正，且在 1% 统计水平下显著，对农村居民发展型消费的影响系数为正，但效果并不显著；同样，民生财政支出对城镇居民生存型消费的影响系数也为正，且在 1% 统计水平下显著，但对城镇居民发展型消费的影响并不显著。这说明无论是农村居民还是城镇居民，民生财政支出都只提高了其生存型消费，但对发展型消费的促进作用并不明显。具体来讲，民生财政支出每提高 1 个单位，农村和城镇居民生存型消费水平会分别提高 0.144 和 0.095，民生财政支出对农村生存型消费的促进作用大于城镇居民。由于民生财政支出中的教育支出、医疗卫生与计划生育支出等提高了居民的受教育机会，保障居民享有一定的医疗服务，民生财政支出对居民的发展型消费具有"替代效应"。因此，居民会因为政府民生财政支出的增加，进而减少对这些发展型消费投入的追加。与此同时，民生财政支出的增加间接增加了居民的总收入，居民会加大对衣食住行等方面的投入，寻求更高质量的生存环境和生活水平，因此促进了居民的生存型消费。

4.2.3　主要结论

本节运用我国 2002—2012 年 30 个省份的相关数据，实证检验了民生财政支出对居民消费水平的影响，相关结论如下：（1）民生财政支出能够提高居民消费水平，增加民生财政支出是政府促进消费的有效手段。（2）地区分层结果显示，民生财政支出对东部和西部地区居民的消费水平有促进作用，但对中部地区居民的消费却有"挤出效应"。城乡分层结果显示，民生财政支出能够拉动城乡居民的消费，对农村居民消费水平的促进作用要大于城镇居民。（3）分项结果检验显示，各分项支出均能够提高居民消费水平，其中教育支出对居民消费的促进作用最大，其次是医疗卫生与计划生育支出，最后是社会保障和就业支出。（4）消费分类检验结果显示，民生财政支出促进了城乡居民的生存型消费，但对发展性消费的促进作用并不明显。

4.3 民生财政支出对居民就业影响的研究

4.3.1 研究背景与理论分析

就业是最大的民生。随着改革开放和市场化的逐步推进,我国劳动就业制度由最初的"统包统配"成功向市场化就业转变,居民就业总量不断提高,就业结构不断优化,就业工作取得了巨大的成就。但是不可否认的是,当前我国居民就业仍面临总量压力过大和结构性矛盾突出等问题。基于此,2019年政府工作报告中首次将就业优先政策置于宏观政策层面,强调稳增长的首要目标就是保就业,提出"要正确把握宏观政策取向,继续实施积极的财政政策和稳健的货币政策,实施就业优先政策"。

作为政府调节经济的重要手段,财政支出尤其是民生财政支出对就业的作用不容忽视。从微观个体角度,民生财政支出的增加可以有效促进居民就业。教育支出能够提高就业者的人力资本和就业竞争力,提高其就业机会,医疗卫生支出可以为就业者提供更好的医疗保障,有效解决就业者疾病工伤等问题,提高就业者身体素质。社会保障与就业支出可以为就业者提供生活和医疗上的基本保障,缓解其面临的各项风险,解决其就业的后顾之忧。然而,从宏观角度来看,就业与地区经济发展状况息息相关。相对于民生财政支出,生产性财政支出短期内对经济增长和就业的促进作用更为有效,在财政支出总量一定的条件下,民生财政支出对生产性财政支出的挤出作用可能会抑制居民的就业,因此在财政总量约束下,应重点关注民生财政支出的效率问题。

基于此,本节重点考察的是民生财政支出总量及其效率对居民就业的影响。与以往研究相比,本节的边际贡献可能在于:第一,不仅考察了民生财政支出总量对居民就业的影响,还重点考察了民生财政支出效率对居民就业的影响;第二,本节还将居民就业按类型分为受雇性就业和自主创业,实证检验了民生财政支出总量和效率对不同类型就业的异质性;第三,本节还进一步考察了民生财政支出总量和效率对不同群体就业的异质性。

4.3.2　模型设定与数据说明

为验证民生财政支出对居民就业概率的影响,本节设定二值选择 Probit 模型如下:

$$Pr\left(Work_{im}=1\right)=\Phi\left(\alpha+\beta_1 FP_{im}+\beta_2 X_{im}\right) \qquad (4-3)$$

其中,下标 i 和 m 表示居住在 m 省的个人 i。被解释变量 $Work$ 为二值选择变量,如果居民有工作为 1,没有工作则为 0。核心解释变量 FP 为民生财政支出。X 为一组控制变量,包括个人特征变量和地区特征变量。

在模型(4-3)的基础上,进一步设定有序概率 Ordered Probit 模型,以验证民生财政支出对被雇佣者和创业者的影响:

$$Pr\left(Work_{im}=n\right)=\Phi\left(\alpha+\beta_1 FP_{im}+\beta_2 X_{im}\right) \qquad (4-4)$$

其中,n 的可能取值为 0,1,2。当 n 取 0 时代表居民目前没有工作,当 n 取 1 时代表居民的工作类型为被雇佣者,当 n 取 2 时代表居民的工作类型为创业者。实证分析中,本节以没有工作的居民为对照组。

被解释变量 *Work* 代表居民就业状态,根据 CGSS 问卷问题"您的工作经历及状况是",当居民从事非农就业时取值为 1,其他则为 0。

核心解释变量 *FP* 代表各省份人均民生财政支出总量或民生财政支出效率,民生财政支出用教育支出、医疗卫生支出以及社会保障与就业支出衡量。民生财政支出效率采用 DEA 模型估计方法测算出的各省份民生财政支出效率表示。

个体特征变量包括如下:性别虚拟变量,女性取值为 0,男性取值为 1。年龄变量,用被访问者的实际年龄衡量。受教育年限,为其接受教育的年数,没有上过学其受教育年限变量赋值为 0,小学或私塾文化程度赋值为 6,初中文化程度赋值为 9,高中、职高或中专文化程度赋值为 12,大专文化程度赋值为 14,本科文化程度赋值为 16,硕士及以上文化程度赋值为 18。政治身份,居民为中共党员时为 1,其他则为 0。身体健康程度,根据 CGSS 调查问卷"您觉得您目前的身体健康状况是",受访者从 1—5 衡量自己的健康程度,很不健康为 1,很健康为 5。家庭地位,根据 CGSS 调查问卷"您家的家庭经济状况在当地属于哪一档",受访者从 1—5 衡量自己的家庭相对收入状况,远低于平均水平为 1,远高于平均水平为 5。婚姻变量,若被受访者已婚、离婚后再婚或丧偶后再婚,婚姻状况变量赋值为 1,其他则为 0。户籍变量,农村户籍为 0,城镇户籍为 1。地区特征变量,主要包括经济发展水平,用地区人均 GDP 衡量。

本节采用的数据主要来自 2015 年的中国综合社会调查(CGSS)。CGSS 是中国人民大学中国调查与数据中心负责执行的一项对除海南、西藏外全国 29 个省份(自治区、直辖市)10000

多户家庭进行的大规模抽样调查, 全面收集了社会、社区、家庭、个人多个层次的数据。在剔除逻辑错误、数据缺失的被调查者样本后, 最终整体得到 10937 个样本。宏观数据主要来源于《中国统计年鉴》《中国财政统计年鉴》, 考虑到宏观变量对居民的滞后效应, 宏观变量采用 2010—2014 年的均值。

4.3.3　实证结果分析

（一）基准回归结果

本节首先进行基准回归检验, 模型（1）考察的是人均民生财政支出总量对居民就业的影响, 模型（2）考察的是民生财政支出总量效率对居民就业的影响, 模型（3）将民生财政支出总量和民生财政支出效率纳入同一模型。回归结果如表 4-12 所示。

表 4-12　基准回归结果

	（1）	（2）	（3）
民生支出总量	-0.407^{***} （0.069）		-0.317^{***} （0.080）
民生支出效率		0.694^{***} （0.141）	0.364^{**} （0.163）
性别	0.379^{***} （0.029）	0.382^{***} （0.029）	0.381^{***} （0.029）
年龄	-0.037^{***} （0.001）	-0.037^{***} （0.001）	-0.037^{***} （0.001）
教育年限	0.053^{***} （0.004）	0.051^{***} （0.004）	0.052^{***} （0.004）
党员身份	0.035 （0.049）	0.026 （0.049）	0.032 （0.049）
健康程度	0.114^{***} （0.015）	0.117^{***} （0.015）	0.114^{***} （0.015）

	（1）	（2）	（3）
家庭地位	0.029 （0.020）	0.037[*] （0.020）	0.030 （0.020）
婚姻	0.553[***] （0.038）	0.555[***] （0.038）	0.552[***] （0.038）
户籍	0.261[***] （0.033）	0.259[***] （0.033）	0.264[***] （0.033）
经济增长	0.115[***] （0.010）	0.057[***] （0.008）	0.097[***] （0.013）
常数项	1.983[***] （0.460）	−1.124[***] （0.141）	1.158[**] （0.591）
R^2	0.251	0.251	0.252
样本数	10937	10937	10937

注：（1）***、**、*分别表示1%、5%和10%水平上的显著性；（2）括号内的数值是标准误。

由表中第（1）列的估计结果可知，人均民生财政支出总量对居民就业的影响为负，且在1%统计水平下显著，说明民生财政支出总量的增加对居民的就业具有消极作用。在政府财政支出总量约束下，政府民生财政支出总量的增加必然对生产性财政支出总量具有挤出作用。相比较于民生财政支出，短期内生产性财政支出对经济增长的拉动作用更大，提供的就业岗位也更多，因此民生财政支出对生产性财政支出的挤出效应会抑制就业的增加。同时，社会保障支出等民生财政支出的兜底作用使得需要寻找工作进行谋生的居民降低了工作的可能。

由表中第（2）列的估计结果可知，民生财政支出效率对居民就业的影响为正，且在1%统计水平下显著，说明民生财政支出效率的提高对居民的就业具有促进作用。在政府财政支出总量一定的前提下，提高民生财政支出效率不仅可以缓解民生财政支出对生产性财政支出的挤出效应，而且可以更加有效地发挥民生财政支出在人力资本积累中的积极作用，从而提高居民的就业概率。

由表中第（3）列的估计结果可知，将民生财政支出总量和民生财政支出纳入同一模型以后，民生财政支出总量和民生财政支出效率的系数方向和显著性并未发生明显变化，说明模型结果具有一定的稳定性。从模型（3）控制变量的回归结果可以看出，性别变量对居民就业的影响为正，且在 1% 统计水平下显著，说明男性的就业概率要大于女性，这与现实相符，改革开放以来，随着就业方式由"统包统配"转向"自主择业"，我国女性的劳动参与率也在不断下降。年龄变量对居民就业的影响为负，并且在 1% 统计水平下显著，说明随着年龄的增长，居民的就业概率会逐渐下降。受教育年限变量对居民就业的影响为正，且在 1% 统计水平下显著，说明居民受教育水平越高，其在就业市场中的优势越大，就业的可能性就越高。党员变量对居民就业的影响为正，但是并不显著，说明党员身份并不是影响居民就业的重要因素。健康变量对居民就业的影响为正，且在 1% 统计水平下显著，说明身体健康的居民就业概率更高。家庭地位对居民就业概率的影响为正，但并不显著，说明家庭所处的地位并不是影响居民就业的主要原因。婚姻变量对居民就业的影响为正，且在 1% 统计水平下显著，说明已婚居民就业概率大于未婚居民。户籍变量对居民就业的影响为正且在 1% 统计水平上显著，说明城镇居民的就业概率要大于农村居民。地区人均 GDP 对居民就业的影响为正，且在 1% 统计水平下显著，说明地区经济发展水平越高，居民的就业机会就越多，居民的就业概率就越大。

（二）民生财政分项支出与居民就业

表 4-13 主要检验的是民生财政支出对居民就业的影响，考虑到民生财政支出各个分项对居民就业的影响可能存在异质性，本节进一步检验了民生财政支出分项对居民就业的影响。

表 4-13 分项支出与居民就业回归结果

	（1）	（2）	（3）	（4）	（5）	（6）
教育支出总量	−0.317*** （0.088）					
教育支出效率		0.442*** （0.171）				
医疗卫生支出总量			−0.193*** （0.071）			
医疗卫生支出效率				−0.110 （0.137）		
社会保障支出总量					−0.302*** （0.039）	
社会保障支出效率						1.005*** （0.096）
年龄	−0.037*** （0.001）	−0.037*** （0.001）	−0.037*** （0.001）	−0.037*** （0.001）	−0.037*** （0.001）	−0.037*** （0.001）
教育年限	0.052*** （0.004）	0.053*** （0.004）	0.052*** （0.004）	0.052*** （0.004）	0.053*** （0.004）	0.052*** （0.004）
党员身份	0.031 （0.049）	0.030 （0.049）	0.030 （0.049）	0.030 （0.049）	0.037 （0.049）	0.027 （0.049）
健康程度	0.118*** （0.015）	0.121*** （0.015）	0.117*** （0.015）	0.120*** （0.015）	0.112*** （0.015）	0.122*** （0.015）
家庭地位	0.034* （0.020）	0.037* （0.020）	0.036* （0.020）	0.038* （0.020）	0.026 （0.020）	0.036* （0.020）
婚姻	0.557*** （0.038）	0.564*** （0.038）	0.558*** （0.038）	0.561*** （0.038）	0.552*** （0.038）	0.561*** （0.038）
户籍	0.254*** （0.033）	0.240*** （0.033）	0.249*** （0.033）	0.245*** （0.033）	0.267*** （0.033）	0.253*** （0.033）

（续表）

	（1）	（2）	（3）	（4）	（5）	（6）
经济增长	0.114*** （0.013）	0.064*** （0.009）	0.090*** （0.009）	0.076*** （0.008）	0.098*** （0.008）	−0.030** （0.013）
常数项	1.465** （0.605）	−0.250 （0.194）	0.500 （0.443）	−0.583*** （0.152）	1.342*** （0.281）	−0.732*** （0.107）
R^2	0.250	0.249	0.249	0.250	0.253	0.256
样本数	10937	10937	10937	10937	10937	10937

注：（1）***、**、* 分别表示 1%、5% 和 10% 水平上的显著性；（2）括号内的数值是标准误。

　　表中第（1）列和第（2）列分别表示的是人均教育支出总量和教育支出效率对居民就业的影响。由回归结果可以看出，人均教育支出总量对居民就业的影响为负且在 1% 统计水平下显著，说明教育支出总量会对居民的就业具有阻碍作用，教育支出对生产性支出的挤出效应短期内可能会对经济增长和就业具有消极作用，进而阻碍居民就业。教育支出效率对居民就业影响为正且在 1% 统计水平下显著，说明教育支出效率的提高对居民就业具有促进作用。教育支出效率的提高可以更好地发挥其对居民人力资本培育的积极作用，进而提高居民的就业可能。

　　表中第（3）列和第（4）列分别表示的是人均医疗卫生支出总量和医疗卫生支出效率对居民就业的影响。由回归结果可以看出，人均医疗卫生支出总量对居民就业的影响为负，且在 1% 统计水平下显著，说明医疗卫生支出总量对居民的就业同样具有阻碍作用，医疗卫生支出对生产性支出同样具有挤出效应，短期内可能会对经济增长和就业具有消极作用，进而阻碍居民就业。医疗卫生支出效率对居民就业的影响为正,但是并不显著,说明医疗卫生支出效率对居民就业的影响并不显著。

表中第(5)列和第(6)列分别表示的是社会保障与就业支出总量和社会保障与就业支出效率对居民就业的影响。由回归结果可以看出,社会保障支出总量对居民就业的影响为负且在1%统计水平下显著,说明作为民生财政支出的重要组成部分,社会保障与就业支出总量对居民的就业同样具有阻碍作用。社会保障与就业支出效率对居民就业的影响为正,且在1%统计水平下显著,说明社会保障支出效率的提高可以为居民提供更好的医疗环境,身体健康状况作为人力资本的重要体现,对居民就业具有重要的促进作用。就业支出效率的提高可以为居民提供更好的就业保障,进而提高居民的就业概率。

(三)分群体异质性检验结果

考虑到我国农村居民和城镇居民享受到的教育、医疗以及社会保障情况并不相同,民生财政支出对居民就业行为的影响也可能存在城乡户籍异质性。同时,在不同家庭背景下,居民的就业选择机会并不相同,民生财政支出对居民的影响也可能受到居民家庭背景的影响。基于此,本节进一步对其进行异质性检验,结果见表4-14。

表4-14　民生财政支出对居民民就业的异质性检验

	(1)	(2)	(3)	(4)	(5)	(6)	(7)	(8)
民生支出总量	-0.379*** (0.094)		-0.077 (0.108)		-0.543*** (0.112)		-0.248*** (0.087)	
民生支出效率		0.334* (0.200)		0.380* (0.231)		1.203*** (0.243)		0.391** (0.180)
性别	0.385*** (0.037)	0.383*** (0.037)	0.359*** (0.047)	0.360*** (0.047)	0.301*** (0.046)	0.308*** (0.046)	0.406*** (0.036)	0.408*** (0.036)
年龄	-0.029*** (0.001)	-0.029*** (0.001)	-0.048*** (0.002)	-0.048*** (0.002)	-0.032*** (0.002)	-0.032*** (0.002)	-0.038*** (0.001)	-0.037*** (0.001)
教育年限	0.055*** (0.006)	0.056*** (0.006)	0.053*** (0.008)	0.052*** (0.008)	0.059*** (0.007)	0.056*** (0.007)	0.070*** (0.005)	0.072*** (0.005)
党员身份	0.061 (0.078)	0.071 (0.077)	0.006 (0.067)	0.002 (0.067)	-0.039 (0.094)	-0.050 (0.094)	0.065 (0.059)	0.076 (0.058)
健康程度	0.121*** (0.019)	0.133*** (0.018)	0.093*** (0.025)	0.096*** (0.025)	0.135*** (0.022)	0.142*** (0.022)	0.103*** (0.020)	0.114*** (0.020)
婚姻	0.365*** (0.049)	0.378*** (0.049)	0.883*** (0.061)	0.883*** (0.061)	0.343*** (0.057)	0.345*** (0.057)	0.692*** (0.051)	0.694*** (0.051)
经济增长	0.202*** (0.013)	0.174*** (0.015)	0.016 (0.016)	0.012 (0.013)	0.141*** (0.016)	0.056*** (0.015)	0.113*** (0.013)	0.097*** (0.012)
常数项	1.177** (0.637)	-1.604*** (0.206)	0.910 (0.720)	0.036 (0.275)	2.694*** (0.751)	-1.530*** (0.263)	0.128 (0.600)	-1.275*** (0.208)
R^2	0.228	0.227	0.294	0.294	0.225	0.224	0.260	0.258
样本数	6924	6924	4013	4013	4173	4173	6764	6764

注：(1)***、**、*分别表示1%、5%和10%水平上的显著性；(2)括号内的数值是标准误。

表中第（1）列和第（2）列分别表示人均民生财政支出总量和民生财政支出效率对农村居民就业的影响。由第（1）列的回归结果可以看出，人均民生财政支出总量对农村居民就业的影响为负，且在1%统计水平下显著，说明人均民生财政支出总量的增加会抑制农村居民的就业概率。由第（2）列的回归结果可以看出，民生财政支出效率对农村居民就业的影响为正，且在10%统计水平下显著，说明民生财政支出效率的提高会增加农村居民的就业概率。第（3）列和第（4）列分别表示人均民生财政支出总量和民生财政支出效率对城镇居民就业的影响。由第（3）列的回归结果可以看出，人均民生财政支出总量对城镇居民就业的影响为负，但并不显著，说明人均民生财政支出总量的增加对城镇居民就业概率的影响并不明显。相比较于农村居民，城镇居民能获得的教育、医疗以及社会保障和就业机会更多，对民生财政支出的需求相对较小，民生财政支出总量对其影响不显著。由第（4）列回归结果可以看出，民生财政支出效率对城镇居民就业的影响为正，且在10%统计水平下显著，说明民生财政支出效率的提高会增加城镇居民的就业概率。

根据CGSS调查问卷中被访问者对"您家的家庭经济状况在当地属于哪一档"的回答，本节将被访问者分为家庭经济状况较好和家庭经济状况较差的居民。表中第（5）列和第（6）列分别表示人均民生财政支出总量和民生财政支出效率对家庭经济状况较差居民就业的影响。由第（5）列的回归结果可以看出，人均民生财政支出总量对家庭经济状况较差居民就业的影响为负，且在1%统计水平下显著，说明人均民生财政支出总量的增加会抑制家庭经济状况较差居民的就业概率。由第（6）列的回归结果可以看出，民生财政支出效率对家庭经济状况较差居民就业的影响为正,且在 10% 统计水平下显著,说明民生财政支出效率的提高会增加农村居民的就业概率。表中第(7)列和第(8)列分别表示的是人均民生财政支出总量和民生财政支出效率对家庭经济状况较好居民就业的影响。由第(7)列的回归结果可以看出,人均民生财政支出总量对家庭经济状况较好居民就业的影响为负,且在 1% 统计水平下显著,说明人均民生财政支出总量的增加对家庭经济状况较好居民就业概率的影响具有抑制作用。由第(8)列回归结果可以看出,民生财政支出效率对家庭经济状况较好居民就业的影响为正,且在 5% 统计水平下显著,说明民生财政支出效率的提高会增加家庭经济状况较好居民的就业概率。

4.3.4　主要结论

本节运用 CGSS 微观数据,实证检验了民生财政支出总量及其效率对居民就业的影响,研究发现:

(1)民生财政支出总量的增加对居民就业具有消极作用,但民生财政支出效率的提高对居民就业具有促进作用。

(2)教育支出总量会对居民就业具有阻碍作用,教育支出效率的提高可以更好地发挥其对居民人力资本培育的积极作用,进而提高居民就业可能;医疗卫生支出总量对居民就业同样具有阻碍作用,医疗卫生支出效率对居民就业的影响并不显著。社会保障与就业支出总量对居民就业同样具有阻碍作用。社会保障与就业支出效率对居民就业具有重要的促进作用。

(3)民生财政支出对不同居民就业行为的影响存在异质性;民

生财政支出对不同类型就业活动的影响同样存在异质性。

4.4　民生财政支出对创业行为的影响

4.4.1　问题提出与模型构建

（一）问题的提出

创业行为在一个国家经济社会发展中发挥着积极作用。一方面，创业行为能够带来更多的就业机会。创业行为对就业的带动效应体现在，创业突破了传统"一人一岗"的就业模式，形成了"一人带动一群岗位"的就业模式（赖德胜、李长安，2009）。另一方面，创业行为具有外部性，创业过程中出现的知识溢出效应会带动新理念、新技术、新业态的产生，从而促进经济增长。在当前世界经济缓慢复苏、中国经济进入新常态的背景下，我国政府提出"大众创业，万众创新"政策，旨在激发民众的创业热情，并试图让创业成为经济增长的新引擎。但应该看到，创业行为具有较大的不确定性，它对创业行为主体和外在经济环境等都有较高要求，在一定程度上需要政府的政策支持。

目前，有关创业行为影响因素的研究主要集中在创业者个体特征、创业环境和创业政策等方面。首先，在创业者个体特征对创业行为影响的文献中，一些研究认为创业者的性别、家庭背景、社会关系等会对创业行为产生一定影响（刘鹏程、李磊、王小洁，2013；Hout & Rosen, 2000；李雪莲、马双、邓翔，2015；韩炜、杨俊、包凤耐，2013；马光荣、杨恩艳，2011；杨震宁、李东红、范黎波，2013；阮荣平、郑风田、刘力，2014）。其中，创业者的某些个体特征与政府财政支出有一定联系。陈怡安和陈刚（2015）的研究表明社会保险在一定程度上平滑了个体创业失败的风险，参与社会保险的人创业概率比没参加社会保险的人要高。吴晓瑜、王敏和李力行（2014）的研究表明有房的人比没房的人创业概率更大，其原因在于房价的上涨使得有房者的个人资产价值随之增加，放松了创业约束。其次，在创业环境对创业行为影响的文献中，研究者大多肯定创业环境的重要性：较好的法律、金融等制度环境以及较好的现实经济环境，都对创业行为产生积极的促进作用（Evans，1989；卢亚娟、张龙耀、许玉韫，2014；吴一平、王健，2015）。Lim 等（2010）的研究显示，教育等环境因素会影响创业者自身的知识、技能水平以及创业意愿，从而影响个人的创业选择。傅娟（2014）认为中国体制内外人员的收入差距对创业活动产生了重要影响。最后，在创业政策对创业行为影响的文献中，研究者大多认同政府在促进创业方面的积极作用。一般来说，政府的作用体现在通过放松管制降低创业成本，通过提供金融支持、技术支持改善创业融资和创业服务等（McMullen, Bagby & Palich, 2008；陈刚，2015；George & Prabhu, 2003）。周培岩（2010）认为政府税收政策对创业有重要影响，优惠的税收政策可以为企业提供较为宽松的环境，提高企业的竞争优势，使创业者在财富上有所收获，从而激励更多的人创业，形成创业的良性循环。张钢和牛志江（2009）的研究表明，政府可以通过支持创业教育来提高人们的创业知识和经营管理技能。

在上述文献中，一些研究已经涉及政府财政支出的职能。在缩小收入差距、提高生活保障水平、提供良好教育和技术服务、提供倾斜的财税政策等方面,政府可以发挥财政支出的积极作用。同时,也有学者指出财政支出存在"就业效应",例如生产性财政支出的扩张会加大劳动力的需求,创造更多就业岗位,就业对创业的替代作用使得财政支出的"创业效应"降低(郭新强、胡永刚,2012)。目前,针对政府财政支出对创业行为影响的研究还不多见,尚没有针对二者之间关系的实证研究。

(二)计量模型与变量说明

为检验民生财政支出对创业概率的影响,本节计量模型设定如下:

$$Entrepreneur_{im} = \alpha Spending_{im} + \beta_1 Micro_{im} + \beta_2 Macro_{im} + \varepsilon_{im} \quad (4\text{-}5)$$

模型中,下标 i 和 m 表示第 m 个省的个人 i。此外, α、β 为系数向量, ε 为随机扰动项。

被解释变量 $Entrepreneur_{im}$ 为创业虚拟变量。涉及 CGSS 问卷问题为"下列各种情形,哪一种更符合您目前工作的状态"。若被调查者回答"自己是老板(或者是合伙人)"、"个体工商户"以及"自由职业者",则被认定为正在进行创业活动,这也是现存研究中通常采用的方式。通过统计发现,受访者中有 24% 的居民在从事创业活动,这个比例与陈刚(2015)估算的 2002—2006 年全国平均 21.2% 的创业率相近,说明近 10 年我国创业人数比重增长比较缓慢。

解释变量 $Spending$ 表示各省份的财政支出水平。在总支出模型中,它表示某省份的财政总支出,用地方财政支出总量来表示;在分项支出模型中,它表示该省份某项财政支出,用各项支出占财政总支出比重来表示。

微观控制变量 $Micro$ 包括被调查者性别、年龄、户籍、受教育程度、是否有配偶、社会网络、宗教信仰、收入水平等个人特征变量。受教育程度涉及问卷问题为"您目前的最高教育程度是（包括目前在读的）"，在换算成年数时，赋值情况如下：小学、私塾 6 年，初中 9 年，高中、中专、技校 12 年，大专 15 年，本科 16 年，研究生及以上 19 年。社会网络涉及问卷问题为"在过去一年中，您是否经常在您的空闲时间做下面的事情"的子问题"社交"，根据社交频率，从不进行社交赋值为 0，很少社交为 1，有时社交为 2，经常社交为 3，社交频率非常频繁则赋值为 4。收入水平用被采访者前一年收入的自然对数来表示。

宏观控制变量 *Macro* 包括了人口规模、失业率以及经济规模三个变量。其中，人口规模用被调查者所在省份总人数的自然对数来表示，失业率用所在省份城镇登记失业率来表示，经济规模用被调查者所在省份 GDP 的自然对数来表示。

（三）数据来源与统计性描述

本节所使用的创业及微观控制变量数据来自中国综合社会调查（CGSS）2012 年的调查数据。在剔除数据缺失的样本之后，共得到有效样本数为 4283 份。同时，考虑到民生财政支出对居民创业的影响存在一定的滞后性，当年的民生财政支出并不一定会立刻对居民的创业选择产生明显的效果，且宏观数据一般都在年末进行统计，而中国综合社会调查（CGSS）是在 2012 年 7 月份进行的调查。因此，本节所使用的民生财政支出以及各项宏观变量均采用 2011 年《中国统计年鉴》中的相关数据。各变量的描述性统计结果如表 4-15 所示。

表 4-15　变量定义和统计描述

	变量名	定义	平均值	标准差	最小值	最大值
微观变量	创业	创业赋值为1，否则为0	0.222	0.416	0	1
	男性	男性赋值为1，否则为0	0.512	0.500	0	1
	年龄	周岁年龄	48.907	16.256	17	96
	户籍	非农业户口为1，否则为0	0.430	0.495	0	1
	教育	接受正规教育的年数	8.863	4.797	0	19
	有配偶	有配偶为1，否则为0	0.789	0.408	0	1
	社会网络	社交频繁程度	1.740	1.061	0	4
	宗教信仰	无宗教信仰为1，否则为0	0.853	0.353	0	1
	收入	（居民收入+1）的对数	9.448	1.191	0	13.815
宏观变量	民生支出	民生财政支出对数	6.924	0.579	5.445	7.765
	人口规模	各省份人数的对数	8.0495	0.901	5.730	9.268
	失业率	各省份城镇登记失业率	0.233	0.136	0.016	0.441
	经济规模	各省份GDP的对数	9.454	1.030	6.553	10.952

数据来源：根据 2011 年《中国统计年鉴》相关数据整理得到。

4.4.2　实证结果分析

（一）民生财政支出规模与创业

首先从整体上考察民生财政支出规模对创业的影响，表 4-16 反映了全样本模型估计的基本结果。模型（1）只分析了财政支出总量和被调查者的微观特征变量对创业概率的影响，模型（2）在模型（1）的基础上引入宏观经济变量。

模型（1）结果表明民生财政支出规模对创业的影响系数在 1%

水平下的显著性为正,但系数值接近于 0。在考虑宏观经济变量后,民生财政支出的显著性和边际效应均未产生变化。由此可知,单纯增加民生财政支出总量对提高居民创业概率的作用不大。从政府职能的角度看,财政支出势必要向经济建设和行政管理等方面进行分流,不可能完全投入民生事业,更不可能只专注于对居民创业的扶持。除此之外,民生财政支出"就业效应"和"创业效应"的冲突,"收入效应"和"替代效应"的冲突也使得民生财政支出的总体效应不明显。然而,即使民生财政支出规模的扩张对个人创业概率的影响并不大,也不能得出财政政策无效性的结论,需要进一步考察民生财政支出的结构效应。

表4-16 民生财政支出规模和结构对创业影响的回归结果

变量名	模型(1)	模型(2)
民生财政支出	0.000*** (0.000)	0.000*** (0.000)
男性	0.011 (0.048)	0.004 (0.048)
年龄	−0.001 (0.002)	−0.001 (0.002)
户籍	−0.370*** (0.051)	−0.373*** (0.051)
教育	−0.082*** (0.007)	−0.081*** (0.007)
有配偶	0.251*** (0.068)	0.221*** (0.068)
社会网络	0.082*** (0.023)	0.080*** (0.023)
宗教信仰	−0.270*** (0.062)	−0.267*** (0.063)
收入	0.180*** (0.028)	0.192*** (0.029)

（续表）

变量名	模型（1）	模型（2）
人口规模		0.096 （0.077）
失业率		0.046 （0.381）
经济规模		0.023 （0.187）
样本数	4283	4283
伪R^2	0.082	0.085

注:（1）***表示1%的显著性;（2）表中括号内的数值是稳健型标准误(se.)。

分析个体特征变量可得：（1）男性对创业的影响系数为正，说明男性创业的概率要高于女性，这与我国实际情况相符。相对于男性，女性在体力、风险承担能力、人力资本积累等方面都处于弱势，创业的竞争力较低。（2）年龄对创业的影响系数为负，创业比就业需要付出更多的精力，承担更大的风险，而年龄越大的人风险厌恶程度越高，因此年龄的增加会降低居民创业概率。但可以看出，性别和年龄已不再是影响中国居民创业的显著因素。（3）非农业户口对居民创业概率的影响在1%统计水平下显著为负，即拥有非农业户口的居民创业概率更低。原因可能是在中国城乡二元体制壁垒下，城镇劳动力市场发展较为完备，居民的就业机会高于农村居民，多数人倾向于选择就业而非创业；而农村居民由于就业渠道的限制，倾向于通过创业致富。（4）受教育年限对创业的边际效应在1%统计水平下显著为负，这可能因为教育水平较高的人找到好工作的机会更大，并且中国"学而优则仕"的传统观点使得更多的高学历者进入公务员体系及国有企业等薪水较为稳定优厚的单位,极大降低了其创业的概率。(5)有配偶的人创业概率远高于没配偶的人,这可能是由于中国传统的"成家立业"观念使得居民倾向于在结婚后再打拼事业,此外,配偶在精神及物质上的鼓励和支持也能够明显提高个人的风险承担能力。(6)社交网络对创业概率的影响系数在1%统计水平下显著为正。社会网络可以解决创业市场的信息不对称问题,帮助创业者获得更多的市场机会、技术经验、客户来源等,降低了创业活动的风险,提高了创业成功率。(7)没有宗教信仰者的创业概率比有宗教信仰的人创业概率低。(8)收入在1%统计水平下显著提高了个人的创业概率。资本是创业必不可少的因素,收入水平越高的人,其拥有的物质资本和社会资本积累更多,创业的可能性也更大。

分析除民生财政支出外的其他宏观变量可得:(1)人口规模对创业概率的影响为正。对于就业者来说,过多的人口意味着劳动市场中的就业压力较大,而对于创业者来说,较多的人口意味着更多的劳动力供给,较大的人口基数使得优质人力资本更易获得,从而提高创业成功的概率,吸引更多人放弃就业而选择创业。(2)失业率对创业概率具有正向影响,较高的失业率意味着较少的就业机会,这会倒逼失业者通过创业维持生活必需收入。(3)经济的发展会增加创业的概率。一方面,随着经济的发展,居民的收入逐渐增加,个人进行创业的资本积累更多。另一方面,收入的增加意味着居民消费能力提高,创业的机会和收益也会增加。需要注意的是,这些宏观变量对个体创业影响的显著性较低,说明影响创业概率更多的是创业者的微观个体特征而不是宏观社会经济环境。

(二)民生财政支出结构与创业

由以上分析可得,除了考虑民生财政支出的规模效应,对其结构效应的考察也必不可少。为此,进一步将民生财政支出具体分为教育支出、医疗卫生与计划生育支出、社会保障和就业支出、住房保障支出,进一步分析民生财政各分项支出对个人创业概率的影响。检验结果见表4-17。

表4-17 民生财政分项支出对创业影响的检验结果

变量名	模型(1)	模型(2)	模型(3)	模型(4)
教育支出	−0.376 (0.431)			
医疗卫生与 计划生育支出		0.533** (0.381)		
社会保障和就业支出			−0.033* (0.019)	
住房保障支出				0.573*** (0.067)
微观变量	控制	控制	控制	控制
宏观变量	控制	控制	控制	控制
样本数	4283	4283	4283	4283
伪R^2	0.067	0.081	0.111	0.107

注:(1)***、**、*分别表示1%、5%和10%的显著性;(2)表中括号内的数值是稳健型标准误(se.)。

从中可以发现:教育支出对创业的影响系数为负,但效果不显著。教育支出可以使居民获得更多的教育机会,享受更高的教育环境。而从前文的检验结果分析中可以知道,居民受教育水平的提高可能会使得其获得更多的工作机会,一些高学历者更愿意进入公务员体系及国有企业等薪水较为稳定优厚的单位,降低了其创业的概率。

医疗卫生与计划生育支出对创业的影响系数为正,且在5%的水平下显著,说明医疗卫生与计划生育支出可以提高个人创业概率。"看病贵,看病难"已成为中国社会的重要问题,医疗卫生管理支出、医疗服务和保障支出的增加,可以使居民享受更好的医疗待遇,从而以良好的身体素质积极从事创业活动。同时,医疗费用的降低会减少居民预防性支出,提高了居民应对创业失败风险的能力,提高了创业的可能性。

社会保障和就业支出对创业的影响系数为负,且在 10% 统计水平下显著。这说明社会保障和就业支出对居民创业有消极作用。社会保障和就业支出为居民的失业提供了保障,可能使得部分居民失去了就业和创业的动力,在一定程度阻碍了居民的创业选择。

住房保障支出对创业的影响系数为正,且在 1% 的水平下显著,住房保障支出可以显著提高个人创业概率。高房价使得居民一直保持着为自己结婚或者子女结婚提前储蓄的习惯,住房保障的支出可以缓解住房压力,放松居民的预算约束,使居民有更多的资金去从事创业活动。同样,基本的住房保障支出降低了创业失败的严重性,提高了居民对创业失败风险的承担能力,促进了居民的创业活动。

(三)民生财政支出与不同类型创业

民生财政支出对不同类型的创业活动的影响可能存在差异,需考虑财政支出的异质性。个人的创业动机一般有两种,一种是本可以在劳动市场获得较好就业机会的个人,为更好的实现人生价值,获取市场机遇而进行创业;另一种是由于个人学历、技能等多方面原因在劳动力市场不能获得就业机会,为获得基本生活保障而被迫进行创业。根据全球创业观察(GEM)按照创业动机进行的分类,本节将前一种创业活动定义为"机会型"创业,将后一种创业活动定义为"生存型"创业。经验表明，被迫进行"生存型"创业的人，一般也缺乏相应的资本和能力来开展大规模的创业活动，因此，通过创业规模对二者进行区分。借鉴陈怡安、陈刚（2015）和陈刚（2015）的做法，本节根据 CGSS 调查提供的创业活动中的雇员数，将创业中雇佣人数达到 8 人及其以上的定义为"机会型"创业，将创业中雇佣人数小于 8 人的定义为"生存型"创业。在此基础上，考察民生财政支出规模和结构对不同创业类型的影响。表 4-18 中，模型（1）和模型（2）是民生财政支出规模和结构对"机会型"创业的估计结果，模型（3）和模型（4）是民生财政支出规模和结构对"生存型"创业的估计结果。

由检验结果可知，民生财政支出规模的增加对提高"机会型"创业和"生存型"创业概率的作用都不大。进一步考察民生财政支出结构对两种创业类型的影响，可以发现，民生财政支出各个分项对"机会型"创业的影响与对总体创业的影响差别不大，即可以降低创业者资金约束和提高个体创业失败后风险承担能力的医疗卫生与计划生育支出、住房保障支出会促进"机会型"创业的发展，教育支出和社会保障和就业支出会抑制"机会型"创业。但对于"生存型"创业，各项民生财政支出分项的效果都不显著。对于可以开展"机会型"创业的潜在创业者来说，往往在创业伊始就已经具备充分的创业条件，民生财政支出的"收入效应"进一步增加了创业资本，对其有如虎添翼的作用，因此能更好地激励其进行创业；然而对于可能进行"生存型"创业的潜在创业者来说，一方面，其创业的主要原因是无法找到满意工作而被迫进行的创业，因此民生财政支出的增加对提高其主观创业概率的作用并不大；另一方面，民生财政支出增加所带来的收入不一定足以支持其进行创业活动，但却能满足基本生活需求，民生财政支出的"替代效应"大于"收入效应"，因此降低了其创业欲望。并且，从事"生存型"创业的人由于获取和处理信息的能力有限，很难掌握国家政策对自身的积极作用，因此民生财政支出的增加，对提高"生存型"创业概率的效果并不显著。

表 4-18　民生财政支出与不同创业类型检验结果

变量名	模型（1）	模型（2）	模型（3）	模型（4）
民生财政支出	0.001** （0.000）		0.000 （0.000）	
教育支出		−0.328 （0.412）		−0.341 （0.518）
医疗卫生与计划生育支出		0.557** （0.262）		0.418 （0.489）
社会保障和就业支出		−0.036* （0.029）		−0.030 （0.681）
住房保障支出		0.580*** （0.112）		0.531 （0.633）
微观变量	控制	控制	控制	控制
宏观变量	控制	控制	控制	控制
样本数	3962	3962	321	321
伪R^2	0.076	0.103	0.083	0.112

注：（1）***、**、*分别表示 1%、5% 和 10% 的显著性；（2）表中括号内的数值是稳健型标准误（se.）。

4.4.3　主要结论

本节利用 2012 年中国综合社会调查（CGSS）数据，采用有序概率模型考察了财政支出规模和结构对创业活动的影响。得到的基本结论如下：（1）总的来看，民生财政支出对提高个人创业概率的作用不大，简单扩大民生财政支出的规模并不能有效促进创业。（2）从民生财政支出的结构来看，能降低创业者资金约束和提高个体创业失败后风险承担能力的财政支出，如住房保障支出、医疗卫生与计划生育支出等可以显著提高个人的创业概率，而教育支出、社会保障和就业支出会抑制居民的创业活动。（3）从民生财政支出与不同创业类型的关系来看，民生财政支出对"机会型"创业的影响与对总体创业的影响差别不大，住房保障支出、医疗卫生与计划生育支出等可以显著提高个人进行"机会型"创业的概率，但对于"生存型"创业，各项财政支出的作用都不显著。这说明我国民生财政支出主要促进了那些以寻求较大商机和利润的大规模创业活动的发展，对于被迫从事创业活动的创业者，财政支出的"替代效应"大于"收入效应"，财政支出对其影响不大。

基于上述结论，政府为实现"大众创业，万众创新"，以创业带动经济发展的目标，其财政支出政策的重点不应是规模的增加，而是结构的优化。目前，我国扶持创业资金的分配上仍然存在结构失衡问题，绝大多数的财政支出都用于扶持"生存型"创业，对于扶持"机会型"创业的资金较少。然而对于"生存型"创业的支出可能并不能产生较好的预期效果，应该及时对创业资金分配结构进行调整。为寻找经济增长新引擎，促进更多的居民从事较大规模的创业活动，应继续加大住房保障支出、医疗卫生与计划生育支出等可以降低创业者资金约束和提高个体创业失败后的风险承担能力的民生财政支出的比重，以促进"机会型"创业的发展；而对于"生存型"创业，相关部门应进一步提升财政支出对潜在创业者的激励作用，使每个人都能获得平等的创业机会。

4.5　民生财政支出对城乡收入差距的影响

4.5.1　问题的提出

城乡居民收入差距过大已经成为社会各界普遍关注的重要民生问题。1978 年我国农村居民的人均纯收入为 134 元,2015 年增长到 11422 元,城镇居民人均可支配收入却从当初的 343 元增长到 31195 元。从城乡收入绝对差额来看,我国城乡居民的收入差距从当初的 209 元增长到 19773 元。农村居民收入水平仅相当于城镇居民在 2005—2006 年的水平,落后城镇居民近 10 年。近年来,中国政府的财政职能重心逐渐向服务民生方面转移,长期占据主导地位的"建设财政"正转变为"民生财政",突出表现在以社会保障、医疗卫生、教育等为主要内容的民生财政支出的快速增长(宋冬临、姜扬、郑国强,2016)。在此背景下,缩小城乡收入差距、使国民共享改革和发展成果也是民生财政支出的应有内涵。

值得注意的是,我国财政支出的结构和方向会受到各种因素的影响。财政分权制度和政府腐败的存在会使得政府偏向于增加基本建设支出、市政建设支出等生产性支出(陈安平、杜金沛,2010;Mauro, 1998),这会导致民生财政支出比重降低,进而削减了其缩小城乡收入差距的效果。与此同时,在城镇化进程不断推进的大背景下,政府的生产性支出和民生性支出在方向上更偏向于城镇地区,农村公共物品投资长期不足,社会保障水平远低于城镇,阻碍了农村居民收入的提高。因此,民生财政支出缩小城乡收入差距的效果是否会受到财政分权、地区腐败以及城镇化的影响？随着财政分权体制的逐渐完善、地区腐败治理水平的加强以及以人为本的新型城镇化的发展，民生财政支出对城乡收入差距的作用效果是否也会发生变化？基于此，本节运用面板门槛模型考察影响民生财政支出缩小城乡收入差距效果因素的门槛特征，进而根据门槛水平探寻民生财政支出对城乡收入差距影响的差异，为政府提高民生财政支出效率、有效缩小城乡收入差距提供理论支撑和现实依据。

4.5.2　理论分析

（一）财政分权、民生财政支出与城乡收入差距

　　财政分权水平的提高使得地方拥有更多财政收支的支配权，地方政府会根据自身发展目标选择财政支出的结构和方向。如果地方政府以实现社会福利最大化为目标，便会增加教育支出、医疗卫生支出以及社会保障支出等民生财政支出，并且加大对农村贫困地区的投入，提高农村居民的收入，从而可以有效缩小城乡收入差距。如果地方政府以实现经济的快速增长为目标，便会降低民生财政支出比重，加大基本建设支出、市政建设支出等生产性财政支出，并且将更多的财政资源投入更具经济发展潜力的城镇地区，从而增加城镇居民的收入，扩大城乡收入差距。中国以 GDP 为指标进行政绩考核的晋升机制使得地方政府缺乏增加民生财政支出的激励，并导致财政在支出结构上形成了"重基本建设、轻人力资本投资和公共服务"的严重扭曲（傅勇、张晏，2007），在支出方向上激励政府将财政支出偏向于城市部门（陈工、洪礼阳，

2012）。因此，财政分权体制可能会导致政府的民生财政支出比重较低，农村的民生财政支出总量相对较少，民生财政支出对城乡收入差距的调节作用也会受到抑制。郭平和周洁（2016）考察了民生财政支出中社会保障支出对城乡收入差距的影响，研究结果表明，社会保障支出对城乡收入差距的影响存在基于财政分权的双门槛效应，当财政分权水平较低时，社会保障支出的增加加剧了城乡收入差距；当财政分权高于一定水平时，社会保障支出有助于缩小城乡收入差距。因此，民生财政支出对城乡收入差距的影响也很可能随着财政分权程度的不同而不同，即存在门槛效应。

（二）腐败治理、民生财政支出与城乡收入差距

腐败会扭曲公共支出的结构，降低民生财政支出的比重和规模，进而影响民生财政支出对城乡收入差距的作用。腐败官员进行权钱交易时通常偏向于那些容易获得贿赂且不易被发觉的领域，而对于受贿机会小且风险较高的领域则会降低支出比重。因此，腐败官员在公共支出中通常会增加两种类型的支出：一种是立法程序不规范，审批和监察缺失，容易进行权力腐败的支出。在这些支出项目中，官员可以利用职务之便为行贿者降低准入门槛，减少审批程序，提供更多的专项补贴，从而收获相应的"租金"。另一种是专业性较强或者科技含量较高的支出，因为这些支出的实际货币价值难以进行评估，官员在此类支出中进行的腐败行为较为隐蔽，被暴露的风险较低。与教育支出、医疗卫生支出以及社会保障支出等民生财政支出相比，政府经济建设支出、科技支出等生产性财政支出监管力度较低，专业性较强，腐败的风险较低。教育支出、医疗卫生支出以及社会保障支出等受社会关注较高，因此寻租机会较少的民生财政支出会严重不足，其对城乡收入分配的调

节作用也会被削弱。Mauro（1998）的研究表明，由于从不同支出中获取贿赂的难易不同，腐败的政府会偏好于增加投资性支出，而降低公共卫生和教育等支出的比重。因此，民生财政支出对城乡收入的影响可能会具有基于腐败治理水平的门槛效应，腐败治理水平不同，民生财政支出对城乡收入的影响也会不同。

（三）城镇化、民生财政支出与城乡收入差距

　　城镇化的发展同样对民生财政支出的比重、方向以及效率等各方面产生影响，从而影响民生财政支出对城乡收入差距作用效果。一方面，城镇化规模的扩张会影响民生财政支出的比重。城镇化是住宅、产业、服务等各方面向周边地区扩张的过程，城镇化的发展对基础设施和基本建设等需求巨大，致使政府不断加大生产性财政支出，进而对教育支出、医疗支出以及社会保障支出等民生财政支出产生"挤出效应"，扭曲了财政支出结构，影响民生财政支出对缩小城乡收入差距的效果。另一方面，城镇人口的增加会影响民生财政支出的方向和效率。我国城镇化演进中一直实行偏向城市的经济政策（陆铭、陈钊，2004），随着城镇化水平的提高，城镇人口规模不断扩大，城镇居民的教育、医疗以及社会保障需求大幅增加，对政府民生性支出的供给带来了压力。因此，城镇化进程中政府必然会加大城镇地区的民生财政支出，而农村地区的民生财政支出就会相对短缺，民生财政支出的这种城市偏向会使其扩大城乡收入差距。由此可见，只有随着经济不断发展，城镇化达到一定水平，城镇化发展的相关问题得以解决，政府的经济政策从城镇偏向于农村，民生财政支出缩小城乡收入差距的作用才能得以显现。

4.5.3　模型设定与数据说明

（一）模型设定

考虑到民生财政支出与城乡收入差距之间可能会因为发展阶段的不同而呈现出非线性特征，所以本节利用 Hansen（1999）提出的面板门槛模型考察民生财政支出与城乡收入差距的非线性关系，设定的门槛模型如下：

$$Income_{it} = \alpha_1 + \beta_1 Fiscal \times I(Influence_{it} \leq \theta) +$$
$$\beta_2 Fiscal_{it} \times I(Influence_{it} > \theta) +$$
$$\beta_3 Control_{it} + \varepsilon_{it} \qquad (4-6)$$

其中，$I(-)$ 为指示函数，当括号中的条件满足时取值为 1，若不满足则取值为 0。$Influence$ 为门槛变量，θ 为门槛值。如果模型存在两个门槛，则上述模型可以扩展成如下形式：

$$Income_{it} = \alpha_1 + \beta_1 Fiscal \times I(Influence_{it} \leq \theta_1) +$$
$$\beta_2 Fiscal_{it} \times I(\theta_1 < Influence_{it} \leq \theta_2) +$$
$$\beta_3 Fiscal_{it} \times I(Influence_{it} < \theta_2) +$$
$$\beta_4 Control_{it} + \varepsilon_{it} \qquad (4-7)$$

（二）变量说明

模型中的被解释变量（$Income$）为城乡收入差距，本节用城镇居民可支配收入与农村居民人均纯收入的比值来衡量。主要解释变量（$Fiscal$）为民生财政支出，用民生财政支出占财政总支出的比重衡量，主要包括教育支出、医疗和卫生支出以及社会保障与就业支出。由于 2007 年我国对财政收支统计进行了重新分类，因此 2007 年以前的民生财政支出的分项中，教育支出、社会保障和就业支出以及医疗卫生支出的数据分别来自政府财政支出中的教育事业经费、社会保障支出以及卫生经费。主要门槛变量中,财政分权水平(FD)用省本级人均收入与中央本级人均收入的比值衡量。腐败治理水平(CO)用每万公职人员贪污贿赂案件立案数来衡量。城镇化水平(CR)用城镇人口占总人口的比例来衡量。控制变量包括就业率(Work)、经济发展水平(GDP)以及对外开放程度(Open)。其中,就业率用就业人数占总人数比重衡量,经济发展水平用各省实际人均GDP的对数衡量,对外开放程度用进出口贸易总额占GDP总量比重衡量。

本节使用的是我国30个省份2003—2013年的相关数据,由于西藏部分数据难以获得而被排除在样本之外。相关数据来源于历年《中国统计年鉴》、《中国人口统计年鉴》、《新中国60年统计资料汇编》、《中国检察年鉴》及各省年度统计年鉴。

4.5.4 实证检验

由于本节数据时间跨度仅为11年,样本容量有限,每增加一个门槛数量就会使各个分段模型抽取的样本量减少,从而影响检验效果。因此,仅进行单门槛和双门槛检验。

1. 财政分权水平。首先,我们以财政分权水平为门槛变量对门槛效果进行检验,以确定门槛个数和模型形式。由表4-19的F统计量和"自抽样法"得出的P值可以看出,单一门槛效应和双重门槛效应分别通过了5%和10%水平下的显著性检验,这说明民生财政支出对城乡收入差距的影响存在基于财政分权水平的双重门槛效应。

表 4-19　门槛效果检验结果（财政分权水平）

门槛变量	门槛数量	F值	P值	不同显著水平临界值		
				1%	5%	10%
FD	单一门槛	10.389**	0.030	12.064	9.394	6.519
	双重门槛	5.046*	0.080	16.425	8.778	4.396

　　在确定了门槛数量和模型形式后，要对门槛值进行估计和检验。由表 4-20 的结果可以看出，门槛值分别为 1.006 和 1.951，并且各个门槛估计值均落在各自的 95% 置信区间内，通过了显著性检验，进而可以在两个门槛值条件下进行双重门槛回归估计。

表 4-20　门槛值估计结果（财政分权水平）

门槛变量	估计值	95%置信区间
FD_1	1.006	[0.653, 3.233]
FD_2	1.951	[0.767, 2.411]

　　由表 4-21 的回归结果可知，民生财政支出对城乡收入差距的影响存在基于财政分权水平的双重门槛效应。具体来讲，当财政分权水平低于第一个门槛值 1.006 时，民生财政支出对城乡收入差距的影响并不明显。当财政分权水平大于 1.006 时，民生财政支出对城乡收入差距的影响系数为 1.179，并且在 1% 统计水平下显著，民生财政支出对城乡收入差距的扩大作用变得显著；当财政分权水平高于第二个门槛值 1.951 时，民生财政支出对城乡收入差距的影响系数增加为 1.638，民生财政支出比重的增加会进一步扩大城乡收入差距。

表4-21 双重门槛回归结果(财政分权水平)

参数	变量	估计结果
C	常数项	6.717^{***}
θ_1	Work	-0.456^{*}
θ_2	GDP	-1.594^{***}
θ_3	OPEN	-0.144
β_1	$FD \leqslant 1.006$	1.086
β_2	$1.006 < FD \leqslant 1.951$	1.179^{***}
β_3	$FD < 1.951$	1.638^{**}
F	F统计量	24.990

2. 腐败治理水平。同样的,首先需要对门槛效果和门槛值进行检验。由检验结果可知,民生财政支出对城乡收入差距的影响存在基于腐败治理水平的双重门槛效应 [①]。因此,同样建立双重门槛模型进行分析。

表4-22的门槛估计结果表明,民生财政支出对城乡收入差距的影响存在基于腐败治理水平的双重门槛效应。当腐败治理水平较低时,民生财政支出的比重和效率都较低,民生财政支出对城乡收入差距的效果不明显;只有当腐败治理水平高于第二个门槛值后,民生财政支出的增加才可以缩小城乡收入差距。

---

① 限于篇幅,本节中腐败治理和城镇化的门槛效果检验和门槛值估计结果未列出,如需要可向笔者索取。

表 4-22　双重门槛回归结果（腐败治理水平）

参数	变量	估计结果
β_1	$CO \leqslant 24.202$	0.672
β_2	$24.202 < CO \leqslant 34.152$	-0.099
β_3	$CO > 34.152$	-0.405^*
F	F统计量	9.330

3．城镇化水平。最后，本节以城镇化水平为门槛变量进行检验。检验结果表明民生财政支出对城乡收入差距的影响存在基于城镇化水平的双重门槛效应。表 4-23 的回归结果表明，地区城镇化水平的不同会导致民生财政支出对城乡收入差距的影响存在差异。当城镇化水平较低时，民生财政支出的增加有利于缩小城乡收入差距；当城镇化水平跨越第一个门槛但是低于第二个门槛值时，民生财政支出的作用相反。然而当城镇化发展到较高水平后，民生财政支出比重的提高又可以有效缩小城乡收入差距。

表 4-23　双重门槛回归结果（城镇化水平）

参数	变量	估计结果
β_1	$CO \leqslant 0.393$	-1.568^{***}
β_2	$0.393 < CO \leqslant 0.533$	1.024^{***}
β_3	$CO > 0.533$	-0.467^{***}
F	F统计量	9.330

4.5.5 结论与建议

本节运用 2003—2013 年省级面板数据，实证检验了民生财政支出对城乡收入差距的门槛效应。研究结果表明，民生财政支出对城乡收入差距的影响确实存在基于财政分权水平、腐败治理水平以及城镇化水平的门槛效应。具体结论如下：

1. 民生财政支出对城乡收入差距的影响存在基于财政分权水平的正的双门槛效应。财政分权水平越高，民生财政支出的城市偏向越强，民生财政支出对城市收入差距的拉大作用也越大。财政分权存在两个门槛值，分别为 1.006 和 1.951。当财政分权水平超过第一个门槛值后，民生财政支出对城乡收入差距开始具有扩大效应，当财政分权水平超过第二个门槛值后，民生财政支出对城乡收入差距的扩大效应更加显著。

2. 民生财政支出对城乡收入差距的影响存在基于腐败治理水平的双门槛效应。腐败治理水平的门槛值分别为 24.202 和 34.152。只有当地区腐败治理水平超过第二个门槛值时，民生财政支出的投入才能够显著缩小城乡收入差距。

3. 民生财政支出对城乡收入差距的影响存在基础城镇化水平的双门槛效应。城镇化的门槛值分别为 0.393 和 0.533。当城镇化水平低于第一个门槛值，即低于 39.3% 时，民生财政支出的增加可以有效缩小城乡收入差距；当城镇化水平处于两个门槛值之间时，即在 39.3%—53.3% 时，民生财政支出的增加会拉大城乡收入差距；当城镇化水平超过第二个门槛，即超过 53.3% 时，民生财政支出的增加又可以有效缩小城乡收入差距。

　　本节的研究结论具有一定政策意义：首先，应进一步完善财政分权制度，并且改革现有的以 GDP 为主要指标的官员考核机制。提高政府的民生财政支出比重，尤其加大农村地区民生财政支出投入力度。其次，应继续加大反腐倡廉建设，加大财政支出的监督机制。最后，应继续促进以人为本的新型城镇化的发展，但在城镇化推进的同时不能忽视农村建设。

第 5 章 民生财政支出的社会效应

5.1 民生财政支出对居民主观幸福感的影响

5.1.1 社会效应评价方法选择

在一般意义上,社会效应是经济社会现象或事物的行为或作用,引起其他经济社会现象或事物产生的相应变化。前者的行为或作用与后者的反应存在一定的因果联系。本章所指的社会效应是有别于且独立于上一章所使用的经济效应,它不选取经济指标作为测度标准,而是重点关注经济社会现象或事物的行为对社会产生的影响。这自然地会产生如下的问题:如何评价某一经济社会现象或事物对社会产生的影响?

作为本章的研究对象,民生财政是坚持以人为本发展理念,面向人民群众现实需求,保障其最基本的生存和发展权益的财政。可见,民生财政所面对的民生问题既是经济问题,更是经济发展中的社会问题。也应看到,民生财政的政策目标在于体现我国作为社会主义国家的国家意志,即不断满足人民日益增长的美好生活需要,让全体人民过上更好的生活。因此,民生财政支出对社会的影响在于人民群众的生活状态和水平,评价民生财政支出的社会效应就需要从人民群众的生活质量评价着手。

从历史上看，人们从满足基本生存发展需要逐渐过渡到关注自身生活质量，意味着一个国家经济社会发展达到了较高水平。一般来说，对生活质量的关注始于 20 世纪中叶兴起于美国的社会指标运动。这一运动产生的背景在于研究者逐渐认识到经济发展并不能解决全部社会问题，因此不能仅仅关注一个国家社会发展中的经济问题，也应该关注非经济方面的问题，其中就包括了我国现在面临的诸多民生问题所涉及的内容。

此后，人们开始尝试构建全面衡量经济社会发展的指标体系或测度方法，其目的在于了解和掌握经济社会发展对居民生活水平的影响。目前，度量生活水平的方法主要有两大类别：第一种指标体系主要是建立在客观的统计数据基础上，这些数据大多属于非经济范畴的宏观统计数据。这一类指标体系开始于前文提到的社会指标运动，其中所提出的社会指标体系包含了教育、健康、住房、就业和收入分配等方面。比较具有代表性的指标体系有联合国的《在国际范围测定和衡量实际生活水平》（1959）、《生活水平国际定义与测度：临时指导》（1961）、《社会与人口统计体系》（SSDS，1975）、《社会指标手册》（1989）、人类发展指数（HDI，1990）等。

第二种指标体系主要建立在居民对自身生存和发展状况的个体主观感受和生活体验的基础上，这些数据大多属于非经济范畴的微观调查数据。比较具有代表性的调查有世界价值观调查（WVS）、世界幸福数据库（WDH）、美国综合社会调查（GSS）、盖洛普世界民意调查（GWP）、欧洲价值观调查（EVS）、欧洲标记调查（ES）、中国综合社会调查（CGSS）等。代表性的指标体系有

"幸福星球指数"（HPI）、不丹提出的"国民幸福指数"（GNH）、日本的"国民幸福总值"（GNC），以及美国的"国民幸福总值"（NWA）等。

民生财政坚持以人为本发展理念，因此民生财政支出的社会效应需要体现人民群众对生活的现实体验与主观感受。从这个意义上说，以宏观非经济统计数据构建的指标体系，只能反映出民生财政支出的物质结果，并不能真实、全面地反映出民生财政支出对人民群众生活的现实影响。因此，本章选用居民主观幸福感作为评价民生财政支出的社会效应的依据和指标，让自上而下的惠民政策得到自下而上的信息反馈。

5.1.2 理论分析

在以市场经济为导向的改革推动下，中国经济实现了长期快速增长。根据世界银行的标准，中国在 1997 年第一次从"低收入国家"进入"中等收入国家"行列，并于 2010 年跻身"中等偏上收入国家"行列。[①] 生产力的解放和发展，创造了丰富的社会财富，极大地改善了人民群众的物质生活。如果按照改革开放初期人们对未来生活的美好憧憬，中国人似乎已经实现了幸福生活之梦。那么，中国人在经济腾飞过程中确实收获了幸福吗？世界价值观调查（WVS）的数据显示，1990—2010 年中国居民主观幸福

---

① 1997 年，世界银行"中等收入国家"的界定标准为人均国民生产总值786—3125 美元，当年中国的人均国民生产总值为 860 美元。2010 年，世界银行"中等偏上收入国家"的界定标准为人均国民生产总值3976—12275 美元，当年中国的人均国民生产总值为 4260 美元。

感的均值呈现下降趋势，随后出现回升（Easterlin, et al., 2012）。盖洛普世界民意调查（GWP）的结果显示，1994—2005 年中国人的生活满意度变化不大，但不排除有下降的可能（Kahneman & Krueger, 2006）。零点研究咨询集团的调查显示，2000—2009 年中国城乡居民的生活满意度在波动中呈现出小幅上升趋势。中国综合社会调查（CGSS）的调查结论显示，2003—2010 年中国居民的主观幸福感呈缓慢上升趋势。这些调查结果没能就前述问题给出一致性的回答。但是，从长期来看（1990 年至今），中国居民的主观幸福感并没有随经济增长而得到同步提升。

应该看到，中国经济快速增长具有经济转轨和社会转型的双重背景。在此时期，经济社会制度的建设与完善、社会主体的角色定位与关系重构、各方利益的分配与再平衡等都是经济社会发展不可回避的现实问题。从经济方面看，居民收入在国民收入中的比重偏低，收入分配不平等，以及失业、通货膨胀等问题都深刻地影响着居民主观幸福感。其中，一些问题产生的波及效应超越了经济领域，引发了一系列的社会问题。面对新的发展形势，我国政府更加重视人文关怀，努力让人民生活得更加幸福、更有尊严。各级政府在坚持发展是第一要务的同时，更加关注社会民生问题。应当看到，各级政府对民生问题的关注是以诸多民生工程为载体的，而这些民生工程又是以政府财政支出为基础。在国家经济繁荣背景下，我国政府财政的收支规模不断扩大，政府财政职能重心也逐渐向服务民生方面转移，长期占据主导地位的"建设财政"正转变为"民生财政"，突出表现在近年来以就业、社会保障、医疗卫生、教育、住房保障等为主要内容的民生财政支出的快速增长。

随着中央和地方各级政府积极将财政支出明确地向民生领域

倾斜,我国民生财政支出规模在不断扩大。由于目前我国居民主观幸福感的调查数据还缺乏连续性,本节选择中国综合社会调查(CGSS)2012 年最新数据,分析省际人均民生财政支出与居民主观幸福感均值之间的关系(参见图 5-1)。可见,民生财政支出与居民主观幸福感大体呈现出正向的线性关系,即民生财政支出增长有助于居民主观幸福感的提升。

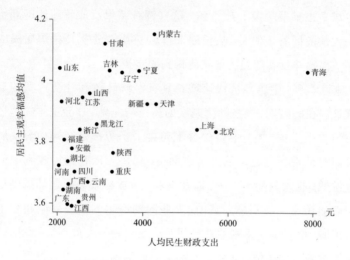

图 5-1　我国民生财政支出与居民主观幸福感均值的关系

数据来源:根据《中国统计年鉴》相关数据和中国综合社会调查 2012 年调查数据整理计算得到。

从理论研究方面看,政府在提升居民主观幸福感方面发挥着积极的作用。Ng(2008)较早地针对政府财政支出有利于提升居民主观幸福感给出了解释,他认为政府提供的公共产品和服务是对社会资源的再次配置,为居民提供了一定的生活保障,消减了攀比效应引致的对居民主观幸福感的负面影响。Ram(2009)、

Perovic 和 Golem（2010）的相关实证研究表明，政府财政支出对于提升居民主观幸福感有积极作用。同时，政府财政支出中的失业保障、健康等民生领域的支出也有助于提升居民主观幸福感（Di Tella, Macculloch & Oswald, 2001; Bjornskov, Dreher & Fischer, 2007）。赵新宇等（2013, 2015）的研究表明，政府财政的亲贫性支出在提升居民主观幸福感方面发挥着积极的作用。

5.1.3　模型设定与数据说明

（一）模型构建

本节借鉴 Di Tella, Macculloch 和 Oswald（2001）、Knight, Song 和 Gunatilaka（2009）等相关研究成果，选择有序概率模型（Ordered Probit Model）分析民生财政支出与居民主观幸福感之间的关系，实证模型设定如下：

$$Happiness_{im} = \alpha Spending_m + \beta Micro_{im} + \gamma Macro_{im} + \varepsilon_{im}$$

$$(5-1)$$

被解释变量 $Happiness_{im}$ 表示 m 省第 i 个被调查居民的幸福感，α、β、γ 为系数向量，ε_{im} 为随机扰动项。中国综合社会调查（CGSS）2012 调查问卷中有关居民主观幸福感的问题为"总的来说，您觉得您的生活是否幸福"，被调查者需要从整数 1—5 进行选择，分别表示"非常不幸福"、"比较不幸福"、"说不上幸福不幸福"、"比较幸福"以及"非常幸福"。

解释变量 $Spending_m$ 表示 m 省民生财政支出状况。用该省人均教育、社会保障和就业、医疗卫生与计划生育、住房保障支出总和表示。分项中分别用人均教育支出、社会保障和就业支出、医疗卫生与计划生育支出、住房保障支出来表示。

$Micro_{im}$ 表示可能会影响居民主观幸福感的微观个体特征变量，包括性别、年龄、户籍、教育、政治面貌、健康状况、宗教信仰、社会公平感、婚姻状况、收入、自评经济地位等。其中，受教育程度涉及问卷问题为"您目前的最高教育程度是（包括目前在读的）"，在换算成年数时，本节的赋值情况如下：小学、私塾6年，初中9年，高中、中专、技校12年，大专15年，本科16年，研究生及以上19年。社会公平感的问题为"总的来说，您认为当今的社会公不公平"，自评经济地位的问题为"您家的家庭经济状况在所在地属于哪一档"。

$Macro_{im}$ 表示可能会影响居民主观幸福感的宏观经济变量。本节的宏观经济变量主要包括失业率、通货膨胀水平、城镇化水平、腐败治理水平、城乡收入差距、经济增长等可能影响居民主观幸福感的变量。失业率用各省份城镇登记失业率表示，通货膨胀水平用各省CPI指数表示，城镇化水平用城镇居民与全省常住居民比表示，腐败治理水平借鉴张军等（2007）、高远（2010）的研究，用"每万公职人员贪污贿赂案件立案数"来度量，城乡收入差距用农村居民人均可支配收入与城镇居民人均可支配收入之比表示；经济增长用所在省份GDP表示。由于个人收入、民生财政支出、各省份GDP均为绝对值相对较大的数值型数据，以上3个指标取自然对数，通过平滑数据来使模型回归结果更加真实。

（二）数据选取

本节所使用的微观控制变量数据来自2012年的中国综合调查（CGSS）。在剔除逻辑错误、数据缺失的被调查者样本后，最终整体得到10494个有效样本。同时，由于调查是在2012年7月份进行的,再考虑到宏观经济变量对居民主观幸福感的滞后效应,本节所有宏观经济变量均采用 2011 年数据。数据来源为《中国统计年鉴》和《中国检察年鉴》。表 5-1 和表 5-2 展示了主要变量及其描述性统计。

表 5-1　CGSS2012 年中国居民主观幸福感基本情况

	频数	频率(%)
非常不幸福	156	1.49
比较不幸福	767	7.30
说不上幸福不幸福	1599	15.24
比较幸福	6242	59.48
非常幸福	1730	16.49
总计	10494	100.00

数据来源:根据中国综合调查(CGSS)2012 年问卷调查数据整理得到。

表 5-2　实证研究所用主要变量的统计性描述

变量名	变量说明	平均值	标准差	最小值	最大值
主观幸福感	1表示非常不幸福,2表示比较不幸福,3表示一般,4表示比较幸福,5表示非常幸福	3.822	0.844	1	5
民生财政支出	教育、社会保障和就业、医疗卫生与计划生育、住房保障支出总和	7.948	0.310	7.617	8.971
性别	1表示男性,2表示女性	1.478	0.500	1	2
年龄	岁	49.271	15.940	17	94
户籍	1表示农业户口,2表示城镇户口	1.477	0.500	1	2
受教育程度	年	8.737	4.595	0	19
政治面貌	1表示党员,2表示非党员	1.873	0.333	1	2

（续表）

变量名	变量说明	平均值	标准差	最小值	最大值
自评健康状态	1表示很不健康，2表示比较不健康，3表示一般，4表示比较健康，5表示很健康	3.530	1.088	1	5
宗教信仰	1表示无宗教信仰，2表示有宗教信仰	1.141	0.348	1	2
社会公平感	1表示完全不公平，2表示比较公平，3表示一般，4表示比较公平，5表示完全公平	3.483	1.007	1	5
婚姻状况	1表示离婚、未婚，2表示已婚	1.900	0.301	1	2
个人收入	年收入的对数	9.447	1.187	4.605	13.816
自评经济地位	1表示远低于平均水平，2表示低于平均水平，3表示平均水平，4表示高于平均水平，5表示远高于平均水平	2.624	0.736	1	5
失业率	%	3.517	0.609	1.4	4.4
通货膨胀水平	所在省份的CPI指数	105.421	0.310	104.9	106.3
城镇化水平	%	54.795	14.551	34.967	89.310
腐败治理水平	%	23.419	6.133	9.237	40.176
城乡收入差距	%	37.056	6.292	25.131	48.360
经济增长	所在省份GDP的对数	10.554	0.432	9.707	11.332

数据来源：根据《中国统计年鉴》、《中国检察年鉴》、中国综合调查（CGSS）2012年问卷调查数据整理得到。

5.1.4　实证结果分析

表5-3中模型（1）和（2）反映了有序概率模型下民生财政支出对居民主观幸福感影响的回归结果。模型（1）中只分析了民生财政支出和被调查者微观个体特征变量对居民主观幸福感的影

响。模型（2）在模型（1）基础上，加入了宏观经济变量。模型（3）反映了 OLS 模型下民生财政支出对居民主观幸福感影响的回归结果，与有序概率模型回归结果对比可以发现，主要解释变量除了系数值存在差异以外，其回归系数方向和显著性水平都没有产生太大的变化，说明模型具有稳健性和可靠性。

表 5-3 民生财政支出对居民主观幸福感影响的全样本估计结果

变量	模型（1）	模型（2）	模型（3）
民生财政支出	0.244*** （0.040）	0.770*** （0.060）	0.435*** （0.040）
性别	0.063** （0.025）	0.087*** （0.025）	0.055*** （0.017）
年龄	-0.037*** （0.005）	-0.038*** （0.005）	-0.025*** （0.003）
年龄平方	0.000*** （0.000）	0.000*** （0.000）	0.000*** （0.000）
户籍	-0.046 （0.029）	-0.014 （0.029）	-0.020 （0.020）
教育	0.001 （0.004）	0.005 （0.004）	0.005** （0.003）
政治面貌	-0.091** （0.037）	-0.070* （0.037）	-0.033 （0.025）
健康状况	0.200*** （0.012）	0.197*** （0.012）	0.135*** （0.008）
宗教信仰	0.128*** （0.033）	0.107*** （0.034）	0.047** （0.023）
社会公平感	0.190*** （0.012）	0.193*** （0.012）	0.133*** （0.008）
婚姻状况	0.403*** （0.044）	0.392*** （0.044）	0.288*** （0.030）
收入	0.036*** （0.013）	0.065*** （0.014）	0.046*** （0.009）

（续表）

变量	模型（1）	模型（2）	模型（3）
自评经济地位	0.367*** （0.017）	0.355*** （0.017）	0.251*** （0.012）
失业率		0.040* （0.024）	0.028* （0.017）
通货膨胀水平		0.051 （0.040）	0.033 （0.027）
城镇化水平		−0.033*** （0.003）	−0.020*** （0.002）
腐败治理		0.005** （0.002）	0.003 （0.002）
城乡收入差距		0.013*** （0.003）	0.008*** （0.002）
经济增长		0.636*** （0.081）	0.400*** （0.055）
伪R^2/调整的R^2	0.074	0.082	0.172
样本数	9576	9576	9576

注：（1）***、**、*分别表示1%、5%和10%的显著性；（2）表中括号内的数值是稳健型标准误（se.）；（3）由于个人收入取对数后产生缺失值，因此样本数为9576。

　　首先，民生财政支出与居民主观幸福感显著正相关。具体来讲，民生财政支出每提高1个单位，居民主观幸福感可以提高0.770个单位。说明提高民生财政支出是政府增强居民主观幸福感的有效手段。主要原因在于：一方面，与私人消费支出相比，政府财政支出具有普惠性，理论上每个人都能平等地享受财政支出带来的福利，这提高了居民的社会公平感。同时，公共物品的增加会减少居民私人物品的消费支出，一定程度上抵消了由于居民互相攀比消费而产生的对幸福感的负面影响。另一方面，"上学难、看病难、养老难"已经成为我国的主要民生问题,政府不断增加教育、医疗以及社会保障支出,出台一系列如九年义务教育、新型农村合作医疗、农村养老保障试点以及城市最低生活保障等政策,可以有效缓解居民生活上的后顾之忧,提高居民的主观幸福感。

其次,通过对居民微观个体特征变量的分析可以发现:从性别上看,男性主观幸福感要显著低于女性。从年龄上看,年龄变量的系数在 1% 统计水平下显著为负,而年龄平方项系数在 1% 统计水平下显著为正,说明我国年龄与居民主观幸福感存在"U"形关系,居民主观幸福感会随着年龄的增长先下降后增加。从户籍上看,城镇居民主观幸福感要低于农村居民,但效果不显著。从教育程度来看,受教育时间的增加会提高居民主观幸福感,但效果不显著。从政治面貌上看,非中共党员的居民主观幸福感要低于中共党员。从健康状况上看,身体健康的居民主观幸福感要显著高于健康程度较差的居民。从公平感角度,居民社会公平感的系数在 1% 统计水平下显著为正,社会公平对提高居民主观幸福感有积极作用。从婚姻角度,婚姻状况对居民主观幸福感有重要作用,结婚的居民主观幸福感显著高于未婚居民。收入对居民主观幸福感有非常重要的影响,从绝对收入角度看,个人收入每提高 1 个单位,居民主观幸福感会提高 0.065 个单位;从相对收入角度看,家庭经济状况所处水平每提高 1 个单位,居民主观幸福感会提高 0.355 个单位,由此可以看出,相对经济状况提高比绝对收入提高的幸福效应更强。

最后,从宏观经济变量来看:失业率的增加会提高居民主观幸福感,但系数值和显著性不高。这与以往的研究结果相悖,在排除数据失真和逻辑错误的基础上,本节认为一个可能的原因在于被调查者的就业状况，在被调查者中，没有工作的人只占总被调查人数的 30.76%，说明大部分人处于就业或者务农状态，而高失业率使得其相比较失业者拥有更大的优势，因此，失业率越高，拥有工作的人幸福感会更强。通货膨胀水平系数虽然为正，但对居民主观幸福感的影响并不显著。虽然轻微通货膨胀在一定程度上有利于促进生产，提高企业利润，改善收入分配，但是通货膨胀产生的"菜单成本""皮鞋成本"等也会对居民的生活产生困扰。城镇化发展在 1% 的统计水平下会显著降低居民主观幸福感，粗放的城镇化发展导致社会结构性矛盾突出，环境污染严重，不利于居民主观幸福感的提高。腐败的治理会显著提高居民主观幸福感，腐败治理可以改善腐败造成的机会不平等、扩大收入差距、扭曲财政支出结构等状况，对居民主观幸福感提高有积极作用。城乡收入比变量在 1% 统计水平下显著为正，城乡收入差距的缩小有利于提高居民主观幸福感。经济增长变量的系数在 1% 的统计水平下显著为正，说明整体来看，我国经济发展依然会促进居民主观幸福感的提高。

根据上文的实证分析，民生财政支出可以显著提高居民主观幸福感。然而，我国居民收入差距较大，城乡之间以及东西部地区之间经济发展水平各异，对于不同收入、不同地区的居民来说，民生财政支出对提高其主观幸福感的作用可能存在异质性。因此，本节对全样本按收入、城乡以及地域进行分层，进一步考察民生财政支出对居民主观幸福感的影响（见表 5-4）。

表 5-4　不同群体样本下民生财政支出对居民主观幸福感影响的估计结果

	低收入	中等收入	高收入	农村	城镇	东部	西部
民生财政支出	0.614*** (0.079)	0.792*** (0.082)	0.871*** (0.111)	0.779*** (0.390)	0.775*** (0.384)	1.595*** (0.749)	0.903*** (0.079)
个体变量	控制	控制	控制	控制	控制	控制	控制
宏观变量	控制	控制	控制	控制	控制	控制	控制
伪R^2	0.084	0.081	0.093	0.076	0.088	0.084	0.087
样本数	1573	5359	2644	4888	4688	3851	5725

注:(1) *** 表示 1% 的显著性;(2)表中括号内的数值是稳健型标准误(se.)。

　　首先,本节根据被调查者个人年收入,确定全样本中个人年收入的 1/4 分位数(4000 元)和 3/4 分位数(27600 元),将个人年收入低于 4000 元的居民划分为"低收入",将个人年收入在 4000 元到 27600 元之间的居民划分为"中等收入",将个人年收入高于 27600 元的居民划分为"高收入"。对不同收入样本与居民主观幸福感进行回归检验。回归结果表明,民生财政支出对不同收入居民主观幸福感均有显著的促进作用。对民生财政支出系数进行分析可以发现,收入越高的居民,民生财政支出对提高其主观幸福感的作用越强。主要原因可能在于,低收入的居民,其对政府民生财政支出的预期更高,而我国财政结构一直偏向于生产性支出,民生财政支出比重较低,在高房价、高医药费、教育机会不够公平的背景下,民生财政支出并没有从根本上解决低收入者的现状。而对于高收入居民,由于其本身对政府财政支持的要求和预期较低,民生财政支出对其产生的效果会较高,对提高其主观幸福感的作用也就越强。

　　其次,根据户籍将样本划分为农村居民和城镇居民两个群体,以考察民生财政支出对城乡居民主观幸福感的差异。回归结果表明,民生财政支出对农村和城镇居民的主观幸福感均有显著的促进作用。相比较于城镇居民,农村民生财政支出的系数稍大,但差别不明显。近年来,为维护社会公平,部分民生财政支出由"普惠式"向"特惠式"转变,民生财政支出不断向基层和农村倾斜,但其效果还是不足以弥补较大的城乡经济发展水平差距对居民主观幸福感的负效应,因此民生财政支出对提高城乡居民主观幸福感的效果差别不大。

最后,根据被调查者所在的地理区位,将样本划分为东部和中西部两个子样本,分别考察民生财政支出对东部和中西部居民的影响。模型(6)和(7)的回归结果表明,民生财政支出对东部和中西部居民的主观幸福感均有显著的促进作用,但民生财政支出对于东部居民主观幸福感的促进作用要明显高于中西部。其主要原因在于,东部经济发展水平较高,民生财政支出总量明显大于中西部,民生财政支出的作用效果更强。

全样本和分层样本结果都显示民生财政支出能够显著提高居民主观幸福感,为了进一步分析民生财政支出的各分项支出对居民主观幸福感的影响,采用有序概率模型进行回归分析(结果见表5-5)。

表5-5 民生财政支出分解回归结果

	全样本	农村	城镇
教育支出	0.379*** (0.129)	0.354* (0.204)	0.259 (0.296)
社会保障和就业支出	0.279*** (0.073)	0.497*** (0.107)	0.080 (0.105)

（续表）

	全样本	农村	城镇
医疗卫生与 计划生育支出	−0.200 （0.131）	−0.046 （0.214）	−0.090 （0.196）
住房保障支出	0.137*** （0.052）	−0.065 （0.078）	0.317*** （0.081）
个体变量	控制	控制	控制
宏观变量	控制	控制	控制
伪R^2	0.082	0.076	0.090
样本数	9576	4888	4688

注：（1）***、* 分别表示 1% 和 10% 的显著性；（2）表中括号内的数值
　　是稳健型标准误（se.）。

　　回归结果显示，教育支出、社会保障和就业支出以及住房保障
支出在 1% 统计水平下能够显著提高居民的幸福感，而医疗卫生
与计划生育支出对居民主观幸福感的影响不显著。城乡分群结果
显示，教育支出能够提高农村居民的主观幸福感，但对城镇居民主
观幸福感的影响并不显著。主要原因可能在于农村居民对教育的
重视程度得到加强，希望通过教育能改变目前的生活状况，因此教
育支出比重的增加有利于提高农村居民的主观幸福感；而对于城
镇居民来说，九年义务教育相对普及，城镇居民的子女不论教育支
出的多少都能接受到正规的学校教育，进而可能导致教育支出比
重增加的效果不显著。社会保障和就业支出能显著提高农村居民
的主观幸福感，但对城镇居民主观幸福感的影响不显著。主要原
因可能是相比于城镇，农村地区的社会保障覆盖率较低，失业农民
工无法享受和城镇居民一样的失业保障，同时农民医疗支出占其
总支出比例高，所以社会保障和就业的支出对农民主观幸福感提

升有显著的促进作用。医疗卫生与计划生育支出对提高农村居民和城镇居民主观幸福感的作用都不显著。主要原因可能在于,我国老龄化水平不断提高,医疗保障需求也随之不断增加。同时,由于我国医疗资源配置效率较低,医疗卫生与计划生育支出并没有很好地解决医疗保障的供需矛盾,对提高居民主观幸福感的作用不但不明显,反而会降低居民主观幸福感。最后,住房保障支出能显著提升城镇居民主观幸福感,而对农村居民主观幸福感的影响不显著。究其原因,主要是因为城镇地区不断增加的转移人口拉升了刚性的住房需求,房价和租金不断攀升,使得住房支出占城镇居民总支出比例居高不下,城镇住房保障的支出能改善房屋市场紧张的供求关系,显著提升城镇居民的主观幸福感。

5.1.5 主要结论

本节利用 2012 年中国综合社会调查(CGSS)数据,通过有序概率模型考察了民生财政支出对居民主观幸福感的影响,对民生财政支出的社会效应做出评价,得到的基本结论如下:

第一,民生财政支出与居民主观幸福感呈正相关关系,这意味着政府增加民生财政支出是提高居民主观幸福感的有效手段。

第二,收入分层结果显示,居民的收入越高,民生财政支出对提高其主观幸福感的作用越强;户籍分层结果显示,民生财政支出对农村和城镇居民的主观幸福感均有显著的促进作用,相比较于城镇居民,民生财政支出对促进农村居民主观幸福感的作用稍强;地域分层结果显示,民生财政支出对于东部居民主观幸福感的促进作用要明显高于中西部。

第三，民生财政支出的分层检验显示，整体来看，教育支出、社会保障和就业支出、住房保障支出能够显著提高居民的主观幸福感，但医疗卫生与计划生育支出会降低居民的主观幸福感。分群体的实证结果显示，社会保障和就业支出能显著提高农村居民的主观幸福感；住房保障支出能显著提高城镇居民的主观幸福感；医疗卫生与计划生育支出对提高城乡居民主观幸福感的作用不显著；教育支出比重的增加对城乡居民主观幸福感的提升作用不明显或影响作用并不显著。

5.2　民生财政支出对居民公共服务满意度的影响

5.2.1　研究背景

政府民生财政支出的总量和效率能够直观地反映政府财政支出配置情况，清晰地反映政府在民生领域的支出情况。提高居民的幸福感和满意度是政府民生工程建设的重点目标，但是政府民生财政支出的增加不代表居民对政府解决民生问题的真正认可，随着我国民生财政支出的不断增加和效率的不断提高，居民对政府公共服务满意度是否发生了变化，各项民生财政支出对居民的满意度是否存在异质性影响？

根据中国社会综合调查（CGSS）2015 年数据显示，居民对政府主要的民生性公共服务的满意度并不算太高，在教育、医疗、社会保障以及就业方面，教育公共服务的平均分最高，但也仅为 73.05 分，就业公共服务满意度最低，为 66.441 分（见图 5-2）。

由此可见，虽然我国政府不断提高民生财政支出比重，但是居民对其相应公共服务的满意度却一直在及格分偏上的水平。基于此，本节利用省级宏观数据与 CGSS 微观数据，实证考察民生财政支出对公共服务满意度的影响。

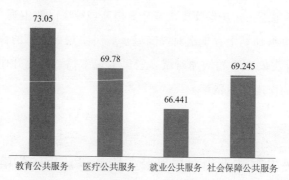

图 5-2　居民对民生性公共服务的满意度

5.2.2　模型设定与数据说明

为验证民生财政支出对居民满意度的影响，本节设定有序概率 Ordered Probit 模型如下：

$$SAT_{im} = \alpha + \beta_1 FP_{im} + \beta_2 X_{im} + \varepsilon_{im} \qquad (5-2)$$

其中，下标 i 和 m 表示居住在 m 省的个人 i。被解释变量 SAT 为居民对政府公共服务的满意度，0 分代表完全不满意，100 分代表完全满意。核心解释变量 FP 为民生财政支出。X 为一组控制变量，包括个人特征变量和地区特征变量。

被解释变量 SAT 代表居民公共服务满意度，CGSS 中涉及政府多项公共服务满意度内容，考虑到民生财政支出的内容，本节重点关注居民对政府公共教育、医疗卫生、社会保障以及劳动就业等公共服务的满意度。在总体回归中，公共服务满意度由该四项公共满意度的均值衡量，分项中则直接用各项公共服务的满意度得分衡量。

核心解释变量 FP 代表各省人均民生财政支出总量或民生财政支出效率，民生财政支出用教育支出、医疗卫生支出以及社会保障与就业支出衡量。民生财政支出效率采用 DEA 模型估计方法测算出的各省民生财政支出效率表示。

个体特征变量包括如下：性别虚拟变量，女生取值为 0，男生取值为 1。年龄变量，用被访问者的实际年龄衡量。受教育年限变量，赋值情况与上文相同。政治身份变量，居民为中共党员时为 1，其他则为 0。户籍变量，农村户籍为 0，城市户籍为 1。社会资本变量，居民参加居委会投票为 1，其他则为 0。工作变量，居民有工作为 1，没有工作则为 0。家庭地位变量，根据 CGSS 调查问卷"您家的家庭经济状况在当地属于哪一档"，受访者从 1—5 衡量自己的家庭相对收入状况，远低于平均水平为 1，远高于平均水平为 5。婚姻变量，若被受访者已婚、离婚后再婚或丧偶后再婚，婚姻状况变量赋值为 1，其他则为 0。地区特征变量主要包括经济发展水平，用地区 GDP 增长率衡量。

本节采用的数据主要来自 2015 年的中国综合社会调查（CGSS）。CGSS 是中国人民大学中国调查与数据中心负责执行的一项对除海南、西藏外全国 29 个省份（自治区、直辖市）10000 多户家庭进行的大规模抽样调查，全面收集了社会、社区、家庭、个人多个层次的数据。在剔除逻辑错误、数据缺失的被调查者样本后，最终整体得到 10280 个样本。宏观数据主要来源于《中国统计年鉴》《中国财政统计年鉴》，考虑到宏观变量对居民的滞后效应,本节宏观变量采用 2010—2014 年的均值。

5.2.3 实证结果分析

(一)基准回归结果

本节首先进行基准回归检验,模型(1)考察的是人均民生财政支出总量对居民公共服务满意度的影响,模型(2)考察的是民生财政支出总量效率对居民公共服务满意度的影响,模型(3)将民生财政支出总量和民生财政支出效率纳入同一模型。回归结果见表 5-6。

表 5-6　基准回归结果

	（1）	（2）	（3）
民生支出总量	−0.081** （0.038）		−0.082** （0.039）
民生支出效率		0.366*** （0.124）	0.316** （0.129）
性别	−0.038* （0.021）	−0.035* （0.021）	−0.036* （0.021）
年龄	0.005*** （0.001）	0.005*** （0.001）	0.005*** （0.001）
受教育年限	−0.009*** （0.003）	−0.010*** （0.003）	−0.009*** （0.003）
政治身份	0.089** （0.035）	0.087** （0.035）	0.088** （0.035）
户籍	−0.054** （0.024）	−0.061** （0.024）	−0.054** （0.024）
社会资本	0.179*** （0.021）	0.181*** （0.021）	0.182*** （0.021）
就业	−0.071*** （0.024）	−0.074*** （0.024）	−0.074*** （0.024）

（续表）

	（1）	（2）	（3）
家庭地位	0.153*** （0.014）	0.153*** （0.014）	0.152*** （0.014）
经济增长	0.062*** （0.007）	0.085*** （0.010）	0.080*** （0.010）
R^2	0.007	0.007	0.007
样本数	10280	10280	10280

注：（1）***、**、* 分别表示 1%、5% 和 10% 水平上的显著性；（2）括号内的数值是标准误（se.）。

由表中第（1）列的估计结果可知，人均民生财政支出总量对居民公共服务满意度的影响为负，且在 5% 统计水平下显著，说明人均民生财政支出总量的增加对居民公共服务满意度具有消极作用。虽然政府不断提高民生财政支出比重，但是其所占比重仍然相对较低，同时民生财政支出的效率较低，单纯人均民生财政支出的增加并没有有效解决居民面临的"看病难、就业难、养老难"等问题。

由表中第（2）列的估计结果可知，民生财政支出效率对居民公共服务满意度的影响为正，且在 1% 统计水平下显著，说明民生财政支出效率的提高对居民公共服务满意度具有促进作用。在政府财政支出总量一定的前提下，提高民生财政支出效率不仅可以缓解民生财政支出对生产性财政支出的挤出效应，还可以更加有效地发挥民生财政支出在解决"看病难、就业难、养老难"等问题的积极作用，从而提高居民对公共服务满意度。

由表中第（3）列的估计结果可知，将民生财政支出总量和民生财政支出纳入同一模型以后,民生财政支出总量和民生财政支出效率的系数方向和显著性并未发生明显变化,说明模型结果具有一定的稳定性。从模型(3)控制变量的回归结果可以看出,性别变量对居民公共服务满意度的影响为负,且在10%统计水平下显著,说明男性对政府公共服务的满意度要低于女性。年龄变量对居民公共服务满意度的影响为正,并且在1%统计水平下显著,说明随着年龄的增长,居民对政府公共服务的需求增加,对政府公共服务业更加满意。受教育年限变量对居民公共服务满意度的影响为负,且在1%统计水平下显著,说明居民受教育水平越高,对政府公共服务的要求越高,其当前的满意度越低。党员变量对居民公共服务满意度的影响为正,且在5%统计水平下显著,说明中共党员对政府公共服务的满意度更高。户籍对居民公共服务满意度的影响为负,且在5%统计水平下显著,说明城镇居民对政府公共服务的满意度要低于农村居民。社会资本对居民公共服务满意度的影响为正,且在1%统计水平下显著,说明社会资本高的居民对居民公共服务满意度更高。居民家庭地位对居民公共服务满意度的影响为正,且在1%统计水平下显著,说明家庭所处的地位越高,且在政府公共支出中的获益越大,对政府公共服务的满意度就越高。地区GDP增长率对居民公共服务满意度的影响为正,且在1%统计水平下显著,说明地区经济发展水平越高,政府的财政收入越多,越有财力进行公共服务建设,居民对政府公共服务的满意度也越高。

(二)异质性检验

本节进一步检验民生财政支出各个分项对居民公共服务满意度的异质性影响,回归结果如表5-7所示。

表 5-7　异质性检验结果

	（1）	（2）	（3）	（4）	（5）	（6）
教育支出总量	−0.051 (0.038)					
教育支出效率		0.436*** (0.109)				
医疗支出总量			0.049 (0.042)			
医疗支出效率				0.397*** (0.103)		
社会保障总量					−0.076*** (0.026)	
社会保障效率						0.163*** (0.053)
性别	−0.037* (0.021)	−0.037* (0.021)	−0.036* (0.021)	−0.036* (0.021)	−0.037* (0.021)	−0.038* (0.021)
年龄	0.005*** (0.001)	0.005*** (0.001)	0.005*** (0.001)	0.005*** (0.001)	0.005*** (0.001)	0.005*** (0.001)
教育年限	−0.009*** (0.003)	−0.009*** (0.003)	−0.010*** (0.003)	−0.010*** (0.003)	−0.009*** (0.003)	−0.009*** (0.003)
党员身份	0.088** (0.035)	0.087** (0.035)	0.089** (0.035)	0.085** (0.035)	0.090*** (0.035)	0.088** (0.035)
户籍	−0.058** (0.024)	−0.047* (0.024)	−0.069*** (0.024)	−0.059** (0.024)	−0.054** (0.024)	−0.054** (0.024)
社会资本	0.178*** (0.021)	0.186*** (0.021)	0.175*** (0.021)	0.179*** (0.021)	0.179*** (0.021)	0.176*** (0.021)
工作	−0.070*** (0.024)	−0.066*** (0.024)	−0.071*** (0.024)	−0.069*** (0.024)	−0.074*** (0.024)	−0.062*** (0.024)
家庭地位	0.154*** (0.014)	0.155*** (0.014)	0.157*** (0.014)	0.156*** (0.014)	0.151*** (0.014)	0.156*** (0.014)
经济增长	0.063*** (0.007)	0.057*** (0.007)	0.067*** (0.007)	0.075*** (0.007)	0.064*** (0.007)	0.049*** (0.009)
R^2	0.007	0.007	0.007	0.007	0.007	0.007
样本数	10280	10280	10280	10280	10280	10280

注：（1）***、**、* 分别表示 1%、5% 和 10% 水平上的显著性；（2）括号内的数值是标准误（se.）。

由表中第（1）列回归结果可以看出，人均教育支出对居民公共服务满意度的影响为负，但是并不显著，说明人均教育支出的增加并未显著提高居民对政府公共服务的满意度。由表中第（2）列回归结果可以看出，教育支出效率对居民公共服务满意度的影响为正，并且在 1% 统计水平下显著，说明教育支出效率的提高可以显著提高居民对政府公共服务的满意度。由表中第（3）列回归结果可以看出，人均医疗卫生支出对居民公共服务满意度的影响为正，但是并不显著，说明人均医疗卫生支出的增加并未显著提高居民对政府公共服务的满意度。由表中第（4）列回归结果可以看出，医疗卫生支出效率对居民公共服务满意度的影响为正，并且在 1% 统计水平下显著，说明医疗卫生支出效率的提高可以显著提高居民对政府公共服务的满意度。由表中第（5）列回归结果可以看出，人均社会保障与就业支出对居民公共服务满意度的影响为正，并且在 1% 统计水平下显著，说明人均社会保障与就业支出的增加并未显著提高居民对政府公共服务的满意度。由表中第（6）列回归结果可以看出，社会保障与就业支出效率对居民公共服务满意度的影响为正，并且在 1% 统计水平下显著，说明社会保障与就业支出效率的提高可以显著提高居民对政府公共服务的满意度。

（三）民生财政支出对居民公共服务满意度估计结果

进一步考察各项民生财政支出与居民公共服务满意度的关系，回归结果如表 5-8 所示。

表 5-8 公共服务满意度异质性估计结果

	（1）教育满意度	（2）教育满意度	（3）医疗满意度	（4）医疗满意度	（5）就业满意度	（6）就业满意度	（7）社保满意度	（8）社保满意度
教育支出总量	0.003 （0.039）							
教育支出效率		0.631*** （0.111）						
医疗支出总量			0.036 （0.043）					
医疗支出效率				0.433*** （0.105）				
社保支出总量					-0.078*** （0.027）		-0.036 （0.027）	
社保支出效率						0.052 （0.054）		0.175*** （0.054）
性别	-0.049** （0.021）	-0.050** （0.021）	-0.037* （0.021）	-0.037* （0.021）	-0.034 （0.021）	-0.033 （0.021）	0.003 （0.021）	0.001 （0.021）
年龄	0.002*** （0.001）	0.003*** （0.001）	0.002*** （0.001）	0.002*** （0.001）	0.006*** （0.001）	0.006*** （0.001）	0.005*** （0.001）	0.005*** （0.001）
教育年限	-0.008*** （0.003）	-0.008** （0.003）	-0.012*** （0.003）	-0.012*** （0.003）	-0.005* （0.003）	-0.006** （0.003）	-0.010*** （0.003）	-0.009*** （0.003）

	（1）	（2）	（3）	（4）	（5）	（6）	（7）	（8）
	教育满意度	教育满意度	医疗满意度	医疗满意度	就业满意度	就业满意度	社保满意度	社保满意度
党员身份	0.077** (0.035)	0.074** (0.035)	0.066* (0.035)	0.061* (0.035)	0.077** (0.035)	0.076** (0.035)	0.086** (0.035)	0.084** (0.035)
户籍	-0.063** (0.025)	-0.036 (0.025)	-0.111*** (0.024)	-0.101*** (0.024)	-0.033 (0.024)	-0.048* (0.024)	-0.027 (0.025)	-0.021 (0.024)
社会资本	0.147*** (0.021)	0.161*** (0.021)	0.175*** (0.021)	0.179*** (0.021)	0.148*** (0.021)	0.145*** (0.021)	0.155*** (0.021)	0.153*** (0.021)
工作	-0.065*** (0.024)	-0.059** (0.024)	-0.074*** (0.024)	-0.072*** (0.024)	-0.039 (0.024)	-0.038 (0.024)	-0.090*** (0.024)	-0.079*** (0.024)
家庭地位	0.068*** (0.014)	0.067*** (0.014)	0.122*** (0.014)	0.121*** (0.014)	0.158*** (0.014)	0.162*** (0.014)	0.161*** (0.014)	0.163*** (0.014)
经济增长	0.056*** (0.007)	0.044*** (0.007)	0.061*** (0.007)	0.070*** (0.008)	0.049*** (0.007)	0.056*** (0.009)	0.053*** (0.007)	0.036*** (0.009)
R^2	0.007	0.007	0.009	0.007	0.006	0.009	0.010	0.010
样本数	10280	10280	10280	10280	10280	10280	10280	10280

注：（1）***、**、* 分别表示1%、5%和10%水平上的显著性；（2）括号内的数值是标准误（se.）。

　　由表中第（1）列回归结果可以看出，人均教育支出对居民教育服务满意度的影响为正，但是并不显著，说明人均教育支出的增加并未显著提高居民对政府教育服务的满意度。由表中第（2）列回归结果可以看出，教育支出效率对教育服务满意度的影响为正，并且在1%统计水平下显著，说明教育支出效率的提高可以显著提高居民对教育服务的满意度。由表中第（3）列回归结果可以看出，人均医疗卫生支出对居民医疗服务满意度的影响为正，但是并不显著，说明人均医疗卫生支出的增加并未显著提高居民对政府医疗服务的满意度。由表中第（4）列回归结果可以看出，医疗卫生支出效率对医疗服务满意度的影响为正，并且在1%统计水平下显著，说明医疗卫生支出效率的提高可以显著提高居民对医疗服务的满意度。由表中第（5）列回归结果可以看出，人均社会保障与就业支出对就业服务满意度的影响为负，并且在1%统计水平下显著，说明社会保障与就业支出的增加反而降低了居民就业服务的满意度。由表中第（6）列回归结果可以看出，社会保障与就业支出效率对就业服务满意度的影响为正，但并不显著，说明社会保障与就业支出效率的提高对居民就业服务的满意度并没有影响。由表中第（7）列回归结果可以看出，人均社会保障与就业支出对居民社会保障服务满意度的影响为负，但并不显著，说明社会保障与就业支出的增加对居民社会保障服务满意度并未产生显著影响。由表中第（8）列可以看出，社会保障与就业支出效率对居民社会保障服务满意度的影响为正，且在1%统计水平下显著，说明社会保障与就业支出效率的提高对居民社会保障服务满意度具有促进作用。

5.2.4　主要结论

本节运用 CGSS 微观数据，实证考察了中国民生财政支出对居民公共服务满意度的影响，研究发现：

第一，民生财政支出总量的增加对居民公共服务满意度具有消极作用。民生财政支出效率的提高对居民公共服务满意度具有促进作用。

第二，民生财政支出各个分项对居民公共服务满意度的影响具有异质性，不同民生财政支出对居民公共服务满意度的影响不同。

第三，民生财政支出各个分项对居民不同类型的公共服务满意度的影响也存在异质性。

第6章 国外经验与相关启示

6.1 国外经验回顾

6.1.1 美国与民生相关的财政支出

美国是典型的联邦制国家。其纵向结构可以分为联邦政府、州政府和州以下地方政府三个层级。与此对应，美国国家财政也划分为联邦财政、州财政和地方财政三级管理。美国从法律上确定了各级政府的事权和财权：联邦财政主要负责国防、外交、社会保障和退休、联邦行政及债务、转移支付等；州财政负责本州的社会福利、教育、医疗卫生、基础设施、行政与债务等；地方财政负责地方教育、公用事业、行政等。从财政分权的发展趋势上看，联邦财政支出在不断地强化。伴随着联邦财政支出的变化，其支出在不同领域也产生了一系列的特征。

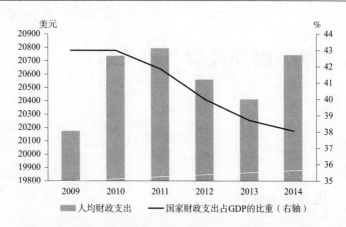

图 6-1　美国人均财政支出和财政支出占 GDP 比重

资料来源：根据 OECD 网站（http://www.oecd.org/）相关数据整理得到，下同。

第二次世界大战结束以来，美国财政支出规模经历过几次调整，其主要增长时期分为三个时期，第一次为 20 世纪 60 年代至 70 年代末，第二次为 20 世纪 90 年代，第三次为 2008 年至今。近年来，为应对国际金融危机，美国财政支出规模处于小幅波动的上升阶段，2014 年美国人均财政支出达到 20741 美元。尽管美国财政支出相当于 GDP 的比重在近年来有所下降，但从长期来看，财政支出相当于 GDP 的比重基本保持了增长的趋势，2014 年达到 38.07%。在美国财政支出中，与民生相关的财政支出主要有社会保护①、教育、医疗保健、住房和社区设施支出等，其支出总和占财政总支出的三分之二左右，基本涵盖了民生领域中突出的医

---

① 一些经济发达国家把社会保障支出称为社会保护支出或者社会性支出，美国的社会保护支出主要指政府财政直接负责的扶贫计划、保障性支出等。

疗、教育、住房、社会保障等多个方面。

在医疗卫生支出方面，美国的医疗保健支出由政府和社会共同承担。联邦财政承担 65 岁以上老人、残障人士和晚期肾衰竭病人等群体的医疗保障。各州财政基本实行了非普惠型的福利制度，并设立了专门针对低收入人群、老年人和特殊团体的医疗保险项目。提供医疗保障服务的大部分医院是由非营利组织运营的私立医院，公立医院为辅。美国医疗保险制度采取了"管理医疗"的做法，患者须到指定医疗服务机构接受诊疗，而这些指定机构是由政府医疗保险机构通过谈判达成较低医疗费用而产生的，这样能避免医疗服务行业不正当竞争导致的价格攀升，节省了不必要的政府支出。

在教育支出方面，美国的教育支出采用了转移支付制度。联邦政府可以直接向州和地方教育部门拨款，这项转移支付制度将拨款标准公式化和模型化，是美国教育拨款中数额最大的项目，旨在提高贫困家庭孩子受教育的机会并惠及全美低收入家庭，准受助的地区需要满足一定的规定和要求。联邦政府的教育资金向缺口较大的少数地区和城市倾斜并为其提供财政补贴，并且为无正常学习能力和弱势群体的儿童提供补助。联邦政府的教育基金分为两个部分，一部分是基本资助拨款，其受助对象的年龄范围是 5 岁至 17 岁，这些受助儿童来自低收入家庭、孤儿院或政府寄养，以及接受政府 AFDC 补助的对象[1]，受助儿童数量由有资格接受补助的儿童人数决定；另一部分是特殊专项拨款，为有特殊需要并满足明确条件的地区提供。

---

　　[1]　AFDC 是 Aid to Families with Dependent Children 的简称，意为抚养未成年子女家庭援助计划。

在就业保障支出方面，美国社会保障支出建立在选择型社会保障制度的基础上，以就业福利为中心，以满足基本生存需要和促进民众就业为目标，属于生存保障的类型。美国社会保障支出的来源出自企业与就业者，受助者所缴纳的费用越多，所受保障水平也越高，政府财政支出比重越小。这种社会保障制度的整体保障水平不高，但可以有效地避免高保障水平带来的就业惰性和依赖性。美国只为失业者提供基本保障，财政支出主要用于失业补贴、就业补贴、就业培训和残疾人融入等方面。美国的社会保障支出在为民众提供基本生存保障的同时，也起到了激励民众、增强其生存能力的作用。目前，随着民众对加强社会保障力度的诉求越来越多、增加社会保障支出的呼声越来越高，美国政府将会进一步扩大财政在社会保障领域的支出规模。

6.1.2　英国与民生相关的财政支出

英国是现代财政预算制度的发源地，也是单一集权型财政体制的代表。英国政府纵向结构相对复杂，一般可以分成中央政府、郡政府、郡以下地方政府三个层级。在财政体制方面，英国实行了中央财政和地方财政的两级管理制度。尽管英国政府实施了一些财政分权改革，但中央财政与地方财政的关系仍然是高度集权的。中央财政主要负责国防、外交、高等教育、社会保障、健康医疗、本级债务、转移支付等。地方财政主要负责中小学教育、住房建筑、公用事务、个人护理服务等。

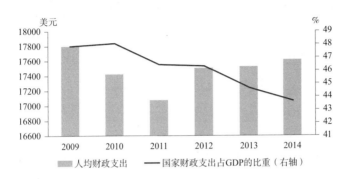

图 6-2　英国人均财政支出和财政支出占 GDP 比重

　　英国财政支出规模自 20 世纪 70 年代开始进入快速增长时期，之后出现小幅波动，2014 年英国人均财政支出达到 17622 美元。近年来，英国财政支出相当于 GDP 比重有所下降，还不及 20 世纪 80 年代的峰值，但在 2014 财年财政支出相当于 GDP 比重仍达到 43.68%。在英国财政支出中，民生领域的财政支出主要为养老保险、医疗保健、教育、福利支出等。在 2014—2015 财年，养老保险、医疗保健方面支出位居中央财政支出的前两位，福利支出和教育支出位居地方财政支出前两位，可以看出地方与中央财政在侧重上有很明显的倾向性差异。

　　医疗卫生支出是英国财政支出中增长最快的分项支出。1988—1989 财年其占财政支出比重为 11.7%，到 2010—2011 财年这一比重迅速上升到 17.5%。英国国家卫生服务体系的特点是全免费、全方位和全方面，医疗服务的对象是全体国民，其宗旨是让任何人在需要的时候都可以得到医疗服务。中央政府负担英国国民医疗服务体系的开支，由国家健康局负责具体事宜。英国政府承担的几乎全部的费用，主要利用税收来筹措医疗保险资金。

不管是劳动者还是非劳动者，不管个人的支付能力大小，都可以享受到免费医疗服务。同时，英国政府通过建立健全全科医生制度和加强社区医疗卫生体系的建设，极大地降低了医疗卫生费用。

在社会保障支出方面，该支出是英国财政支出中比重最大的分项支出，这一比重基本保持在三分之一左右。英国政府以"公平"和"机会均等"为基本理念发挥国家的主体作用，保障使公民普遍获得最低生活水平，即"平等的最低生活"，鼓励个人通过自主努力承担超出最低生活水平的生活需要。作为高福利国家，英国的福利支出较高，尽管在理论上养老支出应由中央财政负责，但实际上由地方财政支付一半左右，地方政府养老基金承担近四分之一。

教育支出体现出中央集权管理和地方分权相结合的特征。中央和地方政府共同负担教育经费，中央对地方教育经费给予了必要的补助。地方政府负责超过一半的教育经费，并主要负责基础教育和其他类型教育经费，中央政府一般只直接负责高等教育经费。中央和地方财政主要承担公立学校的教育经费，对私立学校的财政投入数量不大。长期来看，英国财政的教育支出呈增长态势，但基本保持在财政支出的十分之一以上。

此外，在公共产品和服务的供给方面，英国地方财政对中央财政有很强的依赖性，导致地方政府具有引进市场机制解决民生供给的内在动力。随着英国有关民生的财政支出需求日益增长，有限的政府财力难以满足民众的需求，从而推动政府寻求改革。自20世纪80年代开始，英国在涉及民生的基本公共服务领域逐渐开始了政府和私人部门的竞争与合作，并取得了良好的成效。在市场机制的作用下，考虑凸显财政支出的绩效，使政府有限的财政支出产生更大的杠杆效应。

6.1.3　德国与民生相关的财政支出

德国是欧洲典型的联邦制国家,但其联邦制略偏向于单一制中央集权。德国政府纵向结构分为联邦政府、州政府、地方政府三个层级。并依据宪法对各级政府的事权进行规定,从而明确了联邦财政、州财政、地方财政三级财政体制。在财政支出方面,联邦财政支出主要包括社会福利、国防、外交,以及部分教育、环保等方面的支出;州财政支出重点是文教事业、医疗保健、公共事务、社会救济等方面;地方财政支出主要用于本地公共事务、公共基础设施等。

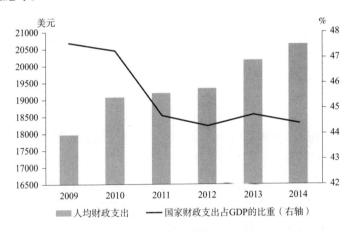

图 6-3　德国人均财政支出和财政支出占 GDP 比重

德国财政支出规模变动趋势与美国较为类似。近年来,德国财政支出规模处于快速上升时期,2014 年德国人均财政支出达到20657 美元,基本与美国人均财政支出相当。尽管德国财政支出相当于 GDP 的比重在近年来有所下降,但从长期来看,其财政支出相当于 GDP 的比重仍是世界主要经济体中的最高者,2014 年这一比重达到了 44.4%。

在就业和社会保障支出方面,其支出相当于 GDP 的比重接近四分之一。德国社会保障制度始于 19 世纪初,历经萌芽时期、形成和缓慢发展时期、大发展时期、调整时期和统一政策以及发展时期,在实现"两德"统一之后,逐渐采取过渡性措施,最终确立了全国统一的社会保障制度。德国的社会保障旨在实现覆盖所有社会成员,实行全民化基本保障原则,保障全民基本生活水平,而非高水平生活。社会保障体系由社会保险制度、社会福利和社会救助制度构成。养老补贴在社会保障支出中所占比重最大。德国的养老保险分为具有强制性的法定养老保险和自愿养老保险。不同领域的养老金由联邦和各个州政府管理,资金来源于联邦政府的转移支付以及个人和雇主负担的保险费。作为社会保障制度的重要组成部分,德国失业保险分为失业保险 I 和失业保险 II:失业保险 I 最长领取的期限为 12 个月;失业保险 II 是前者的补充,领取前者的期限已满而仍处于失业状态可以申请后者。近年来,德国加大对劳动力市场的关注,通过发放开工不足补助金等促进失业人员尽早实现就业,劳动力市场补助补贴也成为增长幅度最大的分项支出。

在住房支出方面,德国的房地产市场价格一直保持平稳。1975—2015 年,德国房价下降了 22%,其原因主要有三个方面:一是德国的房地产市场供给和需求能够相对保持平衡,德国 4000 多万套住房可以为 8000 多万的人口提供充足的房源供应,同时德国拥有大量的公共住房;二是德国贯彻住房金融模式和房贷固定利率机制，房地产市场对金融市场动荡的抗衡力非常强，可以使其免受影响；三是德国的住房租赁市场与租赁法规完善而发达，相关法律具有强大的约束力，房屋租赁市场价格没有大的波动。如果出现房租超过合理房租 20% 的情况，即可被认为构成违法，如果超过 50%，即可判为犯罪，这些举措使得德国的房租价格一直保持稳定并且呈下降趋势。

　　德国是现代义务教育的发源地，义务教育的历史可以追溯到 17 世纪，其发展过程经历了 3 个多世纪的历史。1990 年，德国实现重新统一，免费并普及的义务教育制度得以最终确定，为 6—18 岁德国公民提供 12 年义务教育的规定被列入教育法中。政府为义务教育机构提供经费，接受义务教育的学生只需缴纳所占比例极小的学杂费。联邦政府、各州政府和地方政府共同承担教育费用，州政府把教师工资汇入教师个人账户，教育所涉及的公用经费和基建经费由地方政府负担。在义务教育的财政支出中，州政府、市镇政府和中央政府所占比重大约为 75%、20% 和 5%。此外，处于义务教育阶段的学生可以根据学习成绩和个人规划选择接受 12 年的全日制学校教育，或者选择接受 9 年全日制学校教育加上 3 年职业教育的模式。此外，德国还将特殊教育纳入义务教育，从幼儿园开始就设立了智力残疾、身体残疾、盲人学校等 9 个类型的特殊教育学校，一直保障残疾学生能够和其他正常学生一样完成初等和中等教育。

　　在医疗卫生支出方面，德国是高福利国家，社会医疗保险覆盖率目前已达到 99.5%，其医疗保障体系是建立在合理界定政府和市场作用基础上的"混合型"模式：政府是医疗保障的主导力量，制定主体框架并建立国家卫生保障制度来满足国民对医疗卫生服务的需求；发挥市场作用以提高国民医疗卫生的可及性，建立风险分担和社会共同筹资制度并严格限定了它们的使用范围。联邦政府的职责非常明确：其一是进行宏观调控。联邦政府对各类疾病基金会的收入进行调节和划拨，主要依据是保险项目的类型、投保人结构和保费等，但是联邦政府不介入各类疾病基金会的运营。其二是设立医疗保险局。医疗保险局负责监管各类疾病基金会，制定有关医疗保障的法律和法规，接受投诉并予以仲裁。其三是设立医生医疗保险鉴定委员会。其目的是在医疗保障支付项目的申请中纳入成熟的医疗技术和方法，并且对特殊医疗需求申请进行审核。

此外，德国的财政支付转移力度极为少见，其财政转移支付实现了普惠式的民生财政，促进了基本公共服务均等化。对于联邦政府而言，一般的财政支付转移对象指政府间的财政资金，对于地方政府而言，它是财政收入的重要组成部分。《德国财政平衡法》为财政转移成果提供了保障，其财政框架、透明原则和运行机制都得以明确。财政转移体系中包括了纵向支付和横向支付、一般支付和专项支付，体系制度较为完整。德国各州之间即使经济发展不平衡，也可以不经联邦政府而直接进行转移支付，从而缩小了各州之间的差距，使得公共服务均等化得以实现。

6.1.4　日本与民生相关的财政支出

日本政府的纵向结构由中央政府、都道府县政府、市町村政府三个层级所组成，其财政体系分为中央财政、都道府县财政、市町村财政三级，各级财政只对本级政府负责，每级政府都拥有自己独立的财政。整体上看，日本财政体系属于集权与分权相结合类型，在收入方面集权，在支出方面分权，并且遵循着行政责任明确化原则、市町村优先原则以及效率原则。中央财政主要负责国防、外交、公共安全等；都道府县财政负责港湾、治安等；市町村财政负责卫生、住宅、公共事务等。此外，教育、社会福利等都由中央和地方共同负责。

　　受到长期经济不景气和政府频繁更迭的影响，日本财政支出规模周期性变动趋势极为频繁。近年来，日本财政支出规模处于上升时期，2014 年日本人均财政支出达到 15373 美元，比较接近英国的人均财政支出。日本财政支出近年来处于波动变化中，其财政支出相当于 GDP 比重在主要经济体中仍居前列，2014 年这一比重达到 42.07%。目前，在与民生相关的财政支出领域，社保关系费、教育文化费等居于中央财政支出前列，民生费、教育费、卫生费等居于地方财政支出前列。

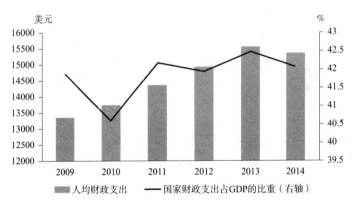

图 6-4　日本人均财政支出和财政支出占 GDP 比重

日本是亚洲最注重教育的国家。早在 20 世纪初，日本就执行了《市町村义务教育经费国库负担法》,该法案为义务教育提供经费保障。第二次世界大战后,随着日本经济不断发展以及《义务教育国库负担法》等法律的相继颁布,教育支出的规模和结构也在不断被调整和优化,日本义务教育的经费全部由市町村负担,这些法律颁布之后,经费负担的主体也发生了变化,逐步调整为由中央、都道府县、市町村三级财政共同负担,中央政府在经费的筹集上承担了主要责任。公共教育支出的重点逐渐落实到义务教育方面。为了保证为居民提供基础教育保障的资金,日本中央政府为地方政府提供了足够的转移支付,通过实施城乡一体化的教育体制,财政支出向城乡基础领域教育和经济欠发达地区倾斜,通过财政转移制度不断施以补助,有效保障了各地区之间和城乡之间的平衡。

在住房支出方面,日本政府高度关注住房保障领域。1951 年颁布的《公营住宅法》规定政府要为一般民众和低收入人群提供住宅,以满足健康文明生活的需要。此后,日本逐渐确立了为民众提供保障性住宅的两种途径,即由地方政府的公营住宅和民间住宅构成,公营住宅是由政府建立的,民间住宅中分由地方政府收购或租用两种情况。政府为低收入者提供的公营住宅和廉租房的租金都远低于市场价格。日本住房保障以公营住房规划为特色,每隔五年重新制定公营住房规划,各地方政府可以及时掌握当地对住房的需求变化,根据所在地区的财政收入和实际情况制定阶段性目标,提高了住房保障支出的效率。目前,日本公共住房建筑数量占住房建筑总量的一半左右。

在医疗支出方面,日本 99% 的国民都可以享受医疗保险,因此全民性成为日本医疗保险制度的最大特点,其医疗保险覆盖程

度居世界首位。日本的医疗保险制度由国民健康保险和医疗保险
两部分组成：前者指主要覆盖了退休人员、自由职业者和农业人员
等群体的保险项目；后者主要包括共济组合保险、船员保险和政府
掌管保险等。

在社会保障支出方面，日本社会保障制度在经济发达国家中
起步较晚。日本的《国民年金法》规定各类企业员工及家属均属
于受保范畴，政府作为保险人为参保者支付一定保费，参保人达到
一定年限后可以领取老年金，因此日本养老保险制度也以全民性
为主要特征。但由于日本少子老龄化的人口结构，社会保障财政
支出过度膨胀。1990—2011 年，日本中央财政支出增长中的三分
之二是社保支出增加造成的。经过长期调整与反思，日本现在正
向社会保障社会化转变。

6.1.5　韩国与民生相关的财政支出

韩国是由中央、道和直辖市、市和郡、镇和乡四级政府组成的
单一制集权国家。但是韩国的财政体系仅分为中央、道与直辖市、
市与郡三级，镇和乡政府没有财政预算。国家财政体系通过地方
财政发挥作用，使国家权力渗透到农村。20 世纪 80 年代后，韩国
经济陷入困境，政府财政支出规模一度受到严格限制。进入 90 年
代后，政府财政支出规模略有扩张，但先后遭遇亚洲金融危机和世
界金融危机。直至 2008 年开始实施刺激性的财政扩张政策。

近年来，韩国财政支出规模处于上升时期，2014 年韩国人均
财政支出达到 10687 美元。其财政支出相当于 GDP 的比重处于
波动变化之中，2014 年这一比重达到 31.98%。政府主导是韩国市

场经济的总特征,在公共福利体系中,政府、家庭、社区和企业均为参与方。作为公共福利制度的制定者,政府鼓励企业和社区进行福利建设,主张把家庭供养和公共福利相结合。与西方模式相比,韩国的财政支出以促进经济增长为中心,民生领域的财政支出被视为一种促进国家持续发展的投资项目。因此,韩国与民生相关的财政支出相当于 GDP 的比重很小,属于维持生存型救助,是为贫困者提供更多就业机会并完成脱贫自立的必要手段。

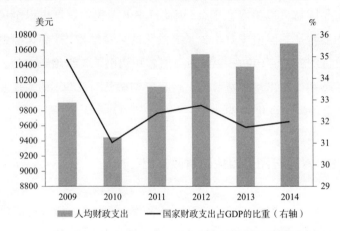

图 6-5 韩国人均财政支出和财政支出占 GDP 比重

在教育支出方面,韩国是世界上在教育领域投资比重最高的国家之一,教育支出占政府财政支出的五分之一以上。韩国政府先后出台了《文职人员养老金法》和《私立学校教师养老金法》以保障公立教职员和教师的福利待遇。按照韩国法律规定,中央税收中的特别消费税、保险税和酒税,以及地方税收中的汽车税、居民税和生产税可以作为教育税征收,使它们成为进行基础教育和职业教育的资金来源。20 世纪 60 年代以来,韩国政府大力发展职业教育,对职业教育的投入相当充足并且逐年增加,培养出了大量高素质、适应性强的应用型人才。职业教育涉及的范畴非常广泛,而且门类齐全,具体包括:技术性较强的航海类专业和工科专业,以及知识性较强的师范、法律和医学等专业。职业教育培养人才的方向与市场需求紧密结合,接受职业教育的工科毕业生就业率较高。

在住房保障支出方面,韩国的保障性住房主要包括公共租赁住房和小型商品住房两种形式。公共租赁房是政府财政出资的廉租房,提供给无力购买住房的低收入人群,其建设经费主要来自政府财政收入,购房者需要交纳小部分的保证金。小型商品住房主要指 60 平方米以下的商品房,主要为中低收入购房者提供。韩国具有比较健全的住房保障管理体系,分别由政府机构、商业银行和房地产企业负责住房的前期规划、公营住房的资金运营以及申请保障住房的资格审查工作,形成了相互制约、多方管理和有效约束的权力行使机制。

在社会保障支出方面,韩国的公共养老保险制度具有普遍性。韩国政府在 1960 年推出了政府官员养老金,在 1963 年推出了军事人员养老金,在 1975 年推出了民办学校教师养老金,扩大了养老金的覆盖范围。20 世纪 80、90 年代,韩国实施了国民年金制度,进一步完善了养老保障体制,并且把渔民和农民也纳入养老保险保障的范围,基本实现了养老保险的全民覆盖。特别是《国民基础生活保障法》在 1999 年颁布后,韩国改变了把工作能力的高低作为提高保障标准的模式,逐步实现了养老保险的普遍性和全民化,养老保险制度成为为民众提供最低生活保障的安全网。只要受保者和家庭成员由于残疾、死亡或年老原因而失去工作能力和收入来源,就有资格获得退休金。在应对国际金融危机中,韩国政府采取了较为激进的财政政策,社会福利支出在 2007—2011 年平均增长率超过 8%。

6.1.6 丹麦与民生相关的财政支出

作为北欧的资本主义发达国家,丹麦具有"欧洲奶酪"之称,这主要得益于其发达的农牧渔业以及相关食品加工业。根据 2017 年《世界幸福指数报告》,丹麦的幸福指数仅低于挪威,排名全球第二,高于冰岛、瑞士和芬兰。在世界幸福指数的评价中,不仅包含衡量经济增长水平的 GDP 指标,还包括一系列社会发展指标,例如社会保障、人均寿命、自由选择、慷慨程度以及腐败程度等。丹麦国民生活幸福指数如此之高,这无疑与丹麦的高福利制度密切相关。丹麦作为高福利国家,其完整的社会保障体系一方面是建立在高额的社会保障性财政支出的基础上,另一方面也与丹麦国家人口基数小有密切联系。单纯从财政支出的角度看,丹麦的高福利所需要的高财政支出需要国家的高税收作为保障,国家在初次分配中通过税收获取更高比例的国民财富,并通过一系列的再次分配机制,使得国民的整体社会保障维持在较高的水平。此外,丹麦这种福利国家制度也需要有相适应的高效的财政运行机制,否则很难保证能够最大限度地发挥出财政支出的经济社会效应。

丹麦号称"从摇篮到坟墓"的社会保障体系具有多种特点,首先,丹麦福利制度具有普遍性和公平性。在受益对象上,丹麦福利制度覆盖包括儿童、学生、失业人群、老人以及残疾人等在内的本国全体公民,对于外籍人士,只要获得居留权就可以享受丹麦的各种社会福利。在保障范围上,丹麦福利制度保障的范围包括教育、医疗、就业、住房等方面,细微到生活的各个领域。其次,丹麦福利制度具有高福利与高税收并存的特点。从社会福利支出相当于GDP 的比重看,丹麦的社会福利支出的占比超过 30%,仅次于瑞典,位居全世界第二。高额的福利财政支出需要稳定的财政收入作为保证,丹麦作为世界各国福利制度的典范,主要通过各种直接或间接的税收,来支付各项社会福利的费用,形成一种具有代表性的"高税收、高福利"的"北欧斯堪的纳维亚"模式。再次,丹麦福利制度采取实物性补助和现金补贴并存的方式。实物补助主要是食品和衣物等,非实物性补贴包括全民教育免费、就医免费、低价使用各种基础设施、免费家庭服务等。最后,丹麦社会保障体系的建设呈现出制度化和法制化的特点。丹麦政府首先制定和颁布一系列有关社会保障的法律规范,并通过国家强制力来保障有效实施。政府主要通过法制和行政方式管理,贯穿社会福利与社会保障计划、执行和解决纠纷问题的全过程。因此,福利事业形成了从中央到地方的完整的运作体制,灵活有效的组织管理机制以及制度化的全方位保障。

从福利制度的基本构成看,首先,作为丹麦福利政策核心的养老保险制度,包括政府养老金制度、劳动力市场补充养老金制度和综合养老金制度三类。其中,政府养老金制度属于国家性质,包括基本养老金、附加养老金以及各种个人津贴;劳动力市场补充养老金制度属于集体性质,是由劳资双方每月按时交纳的一种基金,其比例是雇主交纳三分之二,雇员交纳三分之一;综合养老金制度则主要包括私人养老基金、养老保险等。其次,在教育支出方面,丹麦的教育保障主要包括公立学校和私立学校两大类,对于公立学校,丹麦政府实行教育全免,提供学生从小学到大学的全部费用,而且当学生 18 周岁以后,还会根据学生是否搬离父母家给予相应的生活补贴;对于私立学校,与通常理解中的贵族教育不同,主要是侧重学生接受特殊才艺的教育,例如艺术、体育,丹麦政府为私立学校的学生提供高达 75% 的资金补助,以帮助想要拓展才艺的学生。最后,在生育福利制度方面,为了应对持续的低生育率对国家经济社会的健康发展造成的不利影响,丹麦政府的法律规定,孕妇可以在预产期前 4 周开始休假,产后有 14 周的产检,而且在产后 14 周,夫妻双方还可以根据自己的情况各自享有 32 周的"父母假"。同时,法律还规定,如果孕妇的工作性质有可能损害到未出生的婴儿,或医生认为该工作对孕妇或胎儿存在潜在风险,孕妇可以在早于预产期前 4 周就按需开始休假,同时享有全部孕期福利。通过高度发达的生育制度安排和医疗服务体系安排,减轻年轻父母的经济压力和时间压力,形成一种典型的北欧高福利模式。

6.1.7 冰岛与民生相关的财政支出

冰岛是北欧五国之一,也是一个高度发达的资本主义国家,其丰富的渔业资源使其渔业加工业特别发达。冰岛是一个地广人稀的岛国,在 10.3 平方公里的国土面积上只有约 32 万国民,是欧洲人口密度最小的国家。冰岛是一个高收入国家,也是一个社会环境良好的国家。在 2016 年,冰岛的人均国内生产总值就排名全球第七。同年,在"全球和平指数"排名中,连续六年获评最和平国家;在"全球最健康国家和地区"排名中,冰岛位居榜首并被称为全球最健康的国家。冰岛的高收入对其高福利社会保障制度的建立起到重要作用, 同时其福利制度也是对自身资本主义制度的某种修正, 在积极发挥市场机制发展经济的同时, 也充分发挥政府和社会在保障民众基本生活和建设公民福利方面的积极作用。具体而言, 冰岛的福利制度建立于 19 世纪后期并在第二次世界大战后得到不断发展和完善, 如今已经建立起一套涵盖医疗、卫生、生育、教育、就业、养老、残疾人保护、住房、家庭等多领域的全面的社会福利制度体系。

在福利制度的财政支出方面, 冰岛特惠普惠一体化的社会福利制度主要还是通过高税收来满足对高额财政支出的需求。最初, 冰岛的高福利供给主要由中央政府承担, 但随着福利水平的不断提高, 中央政府面临着越来越大的财政压力。所以, 近年来, 冰岛政府在不断强调和突出地方政府在高福利国家制度建设中的地位和作用, 通过进一步划分地方政府的财权和事权, 激励地方政府对建设福利国家制度的积极性。目前, 冰岛已将民众安居、独立生活、残疾人照顾等十余项服务从中央政府转移到了雷克雅未克市政府。在福利国家制度建立的过程中, 冰岛强调建立完善的福利法律制度, 通过法律的形式规定政府提供社会保障的公共责任, 而民众具有享受各种福利政策的社会权利。通过立法规定政府的责任和民众的权利, 能够更有效地保证政府责任的承担。在具体的实施中, 丹麦福利制度坚持普惠原则和国民待遇一体化原则, 对于弱势群体还提供特惠型福利, 在使每个人都享受到国家良好福利政策的同时, 也使得贫困者能够享受到更多的资助。在此基础上, 最终建立起一套现代化的社会保障体系以有力促进国民经济社会的健康运行。

冰岛福利国家制度在医疗保障、养老保险以及教育支出方面具有很多鲜明的特色。首先，在医疗保障制度方面，冰岛实行社会医疗保险模式，通过医疗保险基金的形式来运作并由国家、企业和雇员三方共同承担。其中，国家支付的比重最大，剩余的由参加社会医疗保险的雇员和雇主按照一定的比例缴存保险费并最终都集中到社会医疗保险基金。在具体运行中，冰岛的医疗保险基金主要由国家税收来筹集，然后通过国家财政预算拨款的形式将医疗保险资金拨给医疗保险机构，再由医疗保险机构分配给医疗机构，医疗机构向居民直接提供免费或者价格较低的医疗服务。其次，在养老保险制度方面，冰岛实行社会民主主义型的养老保险制度，具有广覆盖性、普遍性和强制性的特点，具体包括基本养老金、强制性企业年金和个人养老储蓄账户三个主要组成部分。其中，基本养老金制度规定，只要年龄超过 65 周岁就可以领取基本养老金，但基本养老金不包括社会保障福利、企业年金和社会救助；强制企业年金，根据法律规定，所有 16 岁至 70 岁的劳动者都必须按照雇员缴纳 4%、雇主缴纳 8% 的比例参加；个人养老储蓄账户则是居民根据自己个性化的养老需求自主决定存储金额的一种制度，政府会对其实行税收优惠。再次，在教育方面，冰岛一直十分注重教育的投入，早在 18 世纪中叶就已消灭了文盲，实行 10 年免费义务教育。目前，冰岛大学是冰岛最大的综合性大学。冰岛大学的经费来源主要有两个：一是国家拨款，二是彩票收入，国家拨款用于一般教学经费，彩票收入则专门用于修建校舍。最后，在特殊福利和救助方面，针对处于特殊困境的人群，冰岛政府会采取多种救助性福利制度作为补贴，例如，对于鳏寡之人设有日常补贴、维持生计的特殊补贴和其他补贴。

6.2　相关启示

从上节对美国、英国、德国、日本、韩国、丹麦和冰岛等经济发达国家与民生相关的财政支出回顾可见，尽管政府结构和财政体制不尽相同，基本国情和发展路径也有一定差异，但是这些国家在经济增长的不同阶段都对民生问题给予高度的关注，并在政府财政支出上给予一定的倾斜，从而成为高福利国家的典型代表。这些国家在与民生相关的财政支出方面的经验以及一般规律，为我国民生财政支出提供了启示。

6.2.1　加快立法步伐，建立综合性的社会保障体系

尽管上述经济发达国家的政府结构、财政体制存在一定差异，但是都在法律制度层面明确了中央政府和地方政府的事权和财权，并为与民生相关的财政支出提供了法律保障，从而明确了解决民生问题的重点领域、责任分担和服务对象。同时，在与民生相关财政支出的运行层面和监督层面也建立了较为完善的机制。与这些发达国家相比，我国民生财政的保障机制还存在许多问题。特别是，随着社会经济的发展，人民对社会保障提出越来越高的质量要求，而高质量的综合性社会保障体系离不开法律法规的支持。例如，美国正是在 1935 年《社会保障法案》的基础上通过不断修改和完善相关法律法规，最终形成较为完备的社会保障法律制度，有力地推动了美国社会保障体系的建立和发展。2017 年，

我国制定并颁布《中华人民共和国社会保障法》，在明确政府的社会保障责任的基础上，通过进一步规定企业和个人在基本养老保险、基本医疗保险、工伤保险、失业保险以及生育保险等社会保险制度中的义务和权利，有利地推动我国社会保障法律体系的发展。

然而，当前我国社会保障法律体系并不完备，一方面以政府文件为主的社会保障制度体系，面临着约束软化、公信力不足以及建设基础薄弱等挑战；另一方面，缺乏专门细致的法律法规，没有形成系统性的社会保障法律体系。在此背景下，为建立现代化的社会保障体系，第一，要从加强社会保障立法入手，通过建立多层次的社会保障法律体系，为各项社会保障政策的制定和实施，特别是为民生财政的发展和完善，提供坚实的法律支持。第二，要确保社会保障体系的建立健全，使整个过程都有法可依，而不能仅仅停留在制度建立层面，同时要加强各项社会保障工作在组织和实施环节的立法工作。第三，要注重社会保障法律法规与其他相关法律的衔接，社会保障是一个涵盖多方面的系统性工程，涉及不同责任主体和利益主体之间错综复杂的关系，也涉及社会经济发展的各个层面，社会保障的立法工作应当充分考虑社会保障实践的复杂性和关联性。

6.2.2　适度扩大支出规模，满足社会基本公共服务需要

上述经济发达国家的相关经验表明各国政府财政支出规模在整体趋势上基本呈现增长态势。同时，随着政府财政支出的扩大，与民生相关的财政支出规模也呈现出上升的趋势。在经济繁荣时期，这些国家政府财力充沛，财政支出向民生领域的倾斜趋势遵从

了"瓦格纳法则"。在经济萧条时期,一些国家采取了凯恩斯主义的扩张性财政政策,加大了与民生相关的财政支出,例如美国在罗斯福"新政"时期的社会福利支出占财政支出的比重甚至超过了60%。同时,也有一些国家采取了紧缩性的财政政策,例如20世纪80年代经济发达国家应对滞胀所普遍采取的措施。这种紧缩性财政政策是以压缩政府行政等方面的支出为主,当然也有某些国家在一定时期内采取了消减社会保障项目的做法,但是并不改变与民生相关财政支出的整体发展趋势。目前,经济发达国家的财政支出规模基本相当于 GDP 的 30%—40%,并且民生领域财政支出占财政支出的一半左右。

近年来,我国经济一直保持高速发展,政府财政支出规模不断扩大。1999—2014 年,我国政府财政支出相当于 GDP 的比重从14.6%上升到23.9%。民生财政的投入需要充足的财政资金支持,民生财政支出的提升依赖于政府财政支出的增加。如何使民生财政支出预算更加科学成为了一个不可避免的问题。提升民生财政支出的效率,使合理化的民生财政预算体系更加清晰透明,需要在一定程度上借鉴发达国家的成功经验。随着经济的增长,我国基本公共服务制度日趋规范化,基本公共服务的城乡全覆盖需要不断扩大我国的民生财政支出规模。同时,我国经济社会发展也面临人口基数大、人均国民收入不高、区域间发展不均衡等问题。在当前国内外经济形势复杂多变、国内经济增长进入新常态的背景下,民生财政支出需要综合考虑我国基本国情,适度扩大其支出规模。因此,有必要制定适度、合理和可持续的民生财政支出目标,量入为出、量力而行,避免陷入"高福利陷阱"。使民生财政支出与我国经济社会发展水平相适应,协调推进稳增长和保民生的双重目标。

6.2.3　优化支出结构，不断提高民生财政的支出效率

　　欧美发达资本主义国家高福利制度下民生财政支出结构呈现一种随社会现实需求变化而动态调整的过程，这既反映了民生财政政策的灵活性，也反映出对民生财政支出效率的追求。党的十八大以来，在我国经济社会发展中，特别是民生领域，面临一系列新形势、新变化和新问题。人口老龄化的加速到来使得国家"未富先老"，城乡医疗卫生保障之间的差距不断拉大，以及高房价带来巨大的住房压力等成为社会发展中急需解决的问题。在整个经济增长下行压力不断加大的情况下，只有不断优化支出结构，才能使有限的民生财政支出发挥出最大的经济效益和社会效益。在实践中，民生财政支出结构的优化一方面要对社会突出的民生问题及时做出反应，另一方面也要在对已有民生财政支出进行效率评估的基础上及时调整。

　　社会保障是一个国家经济社会稳定发展的根本保证，也是民生财政支出的重要内容。经济发达国家已经建立了完善的社会保障制度，其中德国的社会保障制度已有200多年的发展历史。这些国家的社会保障在立法、实施和监督层面都具有各自特点的机制设计，同时其社会保障制度的覆盖面较广且重点突出。我国区域经济发展不平衡，截至2016年年底全国尚有5000多万贫困人口没有脱贫。同时，我国老龄人口比重持续增加，"未富先老"问题比较突出。提高社会保障支出特别是保障特殊社会群体的生活需求，将是我国民生财政支出在今后长期关注的重点领域。

　　医疗卫生是事关民众基本生存权和健康权的民生领域，也是

上述经济发达国家重点关注的民生领域。由于面对平衡效率与公平的难点,各国政府的做法也不尽一致。我国正处于工业化和城镇化的中期阶段,环境污染、食品安全、人口老龄化等问题都会最终反映到医疗卫生领域,并对医疗公共产品和服务提出更高的要求,也需要民生财政支出予以重点关注。我国医疗保障管理制度还不健全,医疗卫生项目还有许多缺口,城乡医疗保障之间具有很大的差距。尤其是偏远地区的公立医院设施差、医疗水平低下、医生数量少,看病难成为老百姓的一块心病。因此,可以借鉴美国"管理医疗"的做法,制定一系列有效的医疗改善措施,加大对医疗卫生的投入,改善医疗卫生设施设备,降低医疗服务价格,缓解看病难、看病贵的问题。

就业保障是近年来经济发达国家在金融危机背景下普遍关注的民生问题。目前,我国就业形势非常艰巨和复杂,就业问题急需解决。这需要进一步完善相关法律法规,确保就业保障支出有法可依。完善再就业的相关政策以创造更多的就业,健全激励企业解决就业的补贴政策,鼓励企业创造就业机会。调整就业保障支出结构,妥善做好化解产能过剩产业的职工安置问题,为失业人员提供基本生活保障。积极开展就业培训计划的专门机构,借鉴英国成立"国家就业培训委员会"的做法,实施小型企业培训和市场专业培训计划。此外,也可以增加对创业行为的支持力度,继续推动创业带动就业的计划。

在住房保障方面,保障居民基本居住权是现阶段我国民生财政的重要目标。德国的公共住房供给、自建房政策和房屋租赁市场,以及日本、韩国的公共住房保障体系,都为我国解决当前住房安居问题提供了宝贵经验。在 20 世纪 90 年代初,我国为高、中、低三种不同收入水平的人群提供商品房、经济适用房和廉租房三种类型的房屋,保证民众不同层次的需要。但是在我国快速城镇化的进程中,房地产业成为支柱产业,我国平均房价增长速度超过了10%。面对目前最为突出的住房问题,应该加大财政投入力度,加快保障性住房立法体系建设,合理安排保障性住房财政支出的结构。同时,利用好税收杠杆来抑制房价的过快增长,加强各地土地出让金的管理使用,严格明确保障性住房的准入准出标准,继续扩大和完善廉租房建设。

教育是经济发达国家长期关注的民生领域,也被视为其经济增长的基础。近年来,我国对教育的财政支出呈增长态势,教育支出在财政支出中的比重相对较高,但其相当于 GDP 比重仅接近20 世纪发展中国家平均水平。我国教育基础设施落后,人均教育支出远低于美国、日本和德国等发达国家,教育经费的支出结构不合理,主要体现在教育经费重点投在了高等教育领域而忽略了基础教育,且地区教育资源分配不均。应该建立健全有关教育发展和保障教育支出的法律法规,根据教育业周期较长的规律,确保并加强财政对教育的长期投入提供制度保障。继续增加教育支出、提高教育资金的使用效率。优化各项教育财政支出结构,把教育支出重点放在基础教育和教育不发达地区,促进我国教育事业全面发展。此外,教育支出应适当向职业教育倾斜,培养高素质技能型人才服务于生产实践。

6.2.4　完善转移支付,厘清中央与地方的财权与事权

社会保障支出的事权与财权在不同层级政府之间的合理划分

和动态调整,不仅关乎有限财政资源的有效利用,而且关乎各级政府社会保障工程建设的积极性。一般情况下,地方政府具有信息优势,能够对本地区社会经济发展的现状有着更具体的认识,所以地方政府往往承担着较大的民生财政支出责任。然而,在当前财政财权安排侧重中央集中财力的情况下,国家往往采取转移支付的方式以弥补地方政府在民生财政支出的缺口。

目前,我国的转移支付制度主要分为一般转移支付和专项转移支付。一般转移支付主要参照各地财政收入标准和财政支出标准的差额以及用于转移支付的资金规模等因素,按照统一公式确定,包括普通转移支付、民族因素转移支付、革命老区转移支付和边境地区转移支付。专项转移支付包括中央政府事权范围的支出、中央和地方共同事权范围的支出和地方事权范围内的支出。中央对地方的财政转移支付对平衡地方政府民生财政收入和支出起到重要作用,但是现阶段我国财政转移支付制度仍面临着诸多需要完善的地方。具体而言,我国各级政府间存在社会保障事权分配不明晰、政府间社会保障转移支付体系不规范以及中央对地方政府的转移支付一刀切现象严重,同时存在转移支付的总体规模较小、转移支付结构不合理、转移支付分配方法不完善等问题。为进一步完善转移支付制度,可以在借鉴英国有效的社会保障财政体制安排的基础上,采取因素分配法,完善税收返还计算公式,进一步明晰中央和地方的事权 —— 财权平衡,进而推动各地区基本公共服务的均等化。

6.2.5　立足基本国情,建设具有中国特色的民生财政

党的十九大报告指出,"我国仍处于并将长期处于社会主义初

215

级阶段的基本国情没有变，我国是世界上最大发展中国家的国际地位没有变。"这意味着，我国在建立和完善民生财政的过程中，要充分考虑我国当前的社会经济发展阶段，一方面要不断扩大民生财政支出以满足人民日益增长的美好生活需要，另一方面，不能超越自身发展阶段片面追求西方发达国家的高福利国家制度，而是要立足于基本国情，把有限的财力放在解决民生领域的主要矛盾和矛盾的主要方面，最大限度地提高民生财政的支出效率。

中国特色民生财政的建立和完善，首先，要结合我国基本国情发展各项福利制度，而不是对国外经验的生搬硬套。改革开放以来，我国经济社会发展取得巨大成就，但也仍然面临着诸多挑战。特别是党的十九大以来，随着我国主要矛盾的转变，建设具有中国特色的社会福利制度以提高我国的福利水平的重要性和紧迫性更加突出。然而，在建设过程中，要充分考虑我国的发展实际，不能片面地追求高福利水平；在借鉴国际经验的过程中，不仅要学习北欧模式，更要看清北欧模式的缺陷；在发展过程中，少走弯路，要使国家经济发展与福利制度相匹配，在不影响经济发展的前提下使福利制度稳步发展。其次，要循序渐进地完善福利制度。我国是人口大国，民生财政政策的建立和挑战都将在不同程度上涉及相关主体的利益格局。因此，民生财政改革要充分考虑改革成本和改革风险，采取渐进式改革方式，在逐步积累改革经验的基础上稳步推进。

6.2.6　创新运行机制，实现政府和市场的有效结合

作为民生问题的责任主体，政府通过民生财政的方式为解决事关人民福祉的社会民生问题提供资金保障。然而，随着社会主

义市场经济体制的建立和完善，我国借鉴发达国家的成功经验，在民生工程建设和公共服务提供等具体环节中引入市场竞争机制，能够充分发挥市场机制的激励作用，建立起多元化的公共服务机制，最终降低公共服务的供给成本，提高公共服务支出的效率。新时代以来，随着人们对社会福利需求的变化，如何满足人民群众日益多元化的福利需求就成为各级政府面临的巨大问题。特别是，在政府财政收入有限的情况下，国家应该通过创新合作模式和利益联结机制，推动政府、市场和社会在社会福利供给方面的协同合作，以便提供更优质的社会福利保障。

目前，公共服务的市场化供给机制以 PPP 模式为主要代表，该模式通过某种形式的政府—私人组织合作，就某项公共产品和公共服务达成一致协议，依据项目性质的不同，政府提供启动资金或者提供全部建设资金，然后由私人组织提供产品和服务，最后达到充分利用社会资本的效果。然而，该种合作模式存在民生项目权责利关系有待明确、债务责任主体界定有待厘清、相关法律法规体系有待完善等问题，社会资本参与意愿并不是很强。所以，在完善 PPP 模式的同时，也要积极探索其他合作模式，例如采取委托经营的方式将福利机构民营化，但这种民营化模式要完善补贴管理制度，既要避免骗取补贴的制度漏洞，又要通过机制创新保证提供的产品和服务的质量水平不下降。此外，政府还可以倡导发展民办非营利性质的福利机构，使其成为社会福利机构的一种重要形式。

结论

近 40 多年来，中国经济实现了长期快速增长，人民生活水平得到极大改善，国家综合实力得到明显提升。同时，中国经济社会发展也暴露出一些亟待解决的现实问题，主要集中在就业、教育、医疗、住房和社会保障等民生领域。面对新的发展形势，党和政府秉承"以人为本"的理念，加大了对民生问题的关注，积极保障和改善民生，让全体人民共享改革发展成果。当前，民生财政已经成为政府解决民生问题的主要手段。民生问题既是经济问题，也是社会问题，因此有必要对民生财政支出的经济社会效应做出评价。

民生财政有其独特的思想渊源，它与中国传统的民本思想、西方福利社会思想、马克思主义"人的全面发展"思想、当代中国以人为本的发展理念都有着一定的联系。本书认为，民生财政概念的明晰应该将财政的特殊性和一般性结合起来，既要考虑我国作为社会主义国家对财政在目的层面的要求，也要考虑在社会主义市场经济条件下对财政在运行层面的要求。为此，本书给出的民生财政定义为：民生财政是马克思主义理论为指导，坚持以人为本发展理念，以公共财政为基础，面向人民群众现实需求，保障其最基本的生存和发展权益的财政。同时，本书也对民生财政概念进行了政治经济学解读。

在明晰民生财政概念基础上，本书明确了民生财政支出的范围，具体包括了教育、就业、医疗卫生、社会保障、住房保障五项内容。进而，对我国民生财政支出的基本情况进行考察，主要结论是：进入 21 世纪以来，我国民生财政支出总量保持了持续增长的趋势；民生财政支出在财政支出比重和相当于 GDP 的比重基本呈现稳中有升的趋势；地方民生财政支出是全国民生财政支出的主导力量，中央民生财政支出起到了辅助作用；在民生财政支出结构中，教育支出、社会保障和就业支出是民生财政支出的主要部分，医疗卫生与计划生育支出、住房保障支出的增长速度居前。

本书针对我国民生财政支出的经济效应进行了相关研究，将民生财政支出、物质资本、人力资本纳入同一分析框架，实证研究了民生财政支出与经济增长的关系及作用机制。实证结果表明，民生财政支出对经济增长具有促进作用，民生支出比重的提高会阻碍物质资本的积累，但促进了人力资本的积累，从而对经济增长具有推动作用。此外，中西部民生财政支出对经济增长的促进作用要大于东部；应对 2008 年国际金融危机的经济刺激政策，我国民生财政支出对经济增长的作用已经由积极转为消极；社会保障和就业支出、医疗卫生与计划生育支出对人力资本经济效应的促进作用要大于对物质资本经济效应的抑制作用。

通过民生财政支出对居民消费水平影响的实证研究，本书揭示了民生财政支出通过刺激消费对经济增长产生的现实影响。实证结果表明，民生财政支出能够提高居民消费水平，增加民生财政支出是政府促进消费的有效手段；民生财政支出对东部和西部居民的消费水平有促进作用；民生财政支出能够拉动城乡居民的消费，且对农村居民消费水平的促进作用大于城镇居民；教育支出对居民消费的促进作用最大，其次是医疗卫生与计划生育支出，最后是社会保障和就业支出；民生财政支出促进了城乡居民的生存型消费。

通过民生财政支出与创业活动之间关系的实证研究，本书揭示了民生财政支出通过促进创业对经济增长产生的潜在影响。实证结果表明，简单地扩大民生财政支出的规模并不能有效促进创业；住房保障支出、医疗卫生与计划生育支出等可以显著提高个人的创业概率；住房保障支出、医疗卫生与计划生育支出等可以显著提高个人进行"机会型"创业的概率。

本书选用居民主观幸福感作为社会效应的度量标准，通过民生财政支出与居民主观幸福感之间关系的实证研究，分析了我国民生财政支出的社会效应。实证结果表明，民生财政支出与居民主观幸福感呈正相关关系；民生财政支出对提高高收入阶层的主观幸福感的作用较强；相比较于城镇居民，民生财政支出对促进农村居民主观幸福感的作用稍强；民生财政支出对东部居民主观幸福感的促进作用要明显高于中西部；教育支出、社会保障和就业支出、住房保障支出能够显著提高居民的主观幸福感。

本书认为美国、英国、德国、日本等国家在民生领域的相关财政政策，为我国民生财政政策提供了经验借鉴。为更好地发挥民生财政支出的经济社会效应，可以从完善民生财政支出保障机制、适度扩大民生财政支出规模、优化民生财政支出结构、推动政府作用和市场机制相结合几个方面着手。

参考文献

1. 中文参考文献

[1] 安体富. 民生财政：我国财政支出结构调整的历史性转折 [J]. 地方财政研究, 2008(5)：4-8.

[2] 白海琦, 赵凌云. 我国政府绩效审计中存在的问题及对策研究 —— 基于公共财政支出的角度 [J]. 商业会计, 2012(17)：46-47.

[3] 布坎南. 民主财政论 [M]. 北京：商务印书馆, 1993.

[4] 才国伟, 刘剑雄. 收入风险、融资约束与人力资本积累 —— 公共教育投资的作用 [J]. 经济研究, 2014(7)：67-80.

[5] 蔡昉. "中等收入陷阱"的理论、经验与针对性 [J]. 经济学动态, 2011(12)：4-9.

[6] 曹爱军. 政府转型、公共服务与"民生财政" [J]. 财政研究, 2015(12)：12-17.

[7] 车维平. 我国财政教育支出对经济增长影响的统计研究 [D]. 天津财经大学, 2006.

[8] 陈安平, 杜金沛. 中国的财政支出与城乡收入差距 [J]. 统计研究, 2010(11).

[9] 陈刚, 李树. 中国地方政府的社会性支出：效率及其决定因素 [J]. 南方经济, 2010(10)：3-17.

[10] 陈刚. 管制与创业 —— 来自中国的微观证据 [J]. 管理世界, 2015(5)：89-99+187-188.

[11] 陈刚. 金融如何促进创业：规模扩张还是主体多样 [J]. 金融经济学研究, 2015(5)：29-42.

221

[12] 陈工,洪礼阳. 财政分权对城乡收入差距的影响研究 —— 基于省级面板数据的分析 [J]. 财政研究,2012(8).

[13] 陈少晖,朱珍. 民生财政导向下的国有资本经营预算支出研究 [J]. 当代经济研究,2012(4):32-38.

[14] 陈少英. 论地方政府保障民生的财政支出责任 [J]. 社会科学,2012(2):112-120.

[15] 陈诗一,张军. 中国地方政府财政支出效率研究:1978—2005[J]. 中国社会科学,2008(4):65-78+206.

[16] 陈先森. 民生财政与民生建设的思考 [J]. 财政研究,2011(9):44-48.

[17] 陈怡安,陈刚. 社会保险与创业 —— 基于中国微观调查的实证研究 [J]. 人口与经济,2015(6):73-83.

[18] 程承坪,陈志. 省级政府环境保护财政支出效率及其影响因素分析 [J]. 统计与决策,2017(13):132-134.

[19] 储德银,闫伟. 财政支出的民生化进程与城乡居民消费 —— 基于 1995—2007 年省级面板数据的经验分析 [J]. 山西财经大学学报,2010(1):10-16.

[20] 储宇强,韦邦荣,孟范范. 精准脱贫导向下安徽财政支出效率研究 —— 基于皖北 8 个国家级贫困县的实证 [J]. 中南林业科技大学学报(社会科学版),2018(5):61-69.

[21] 崔志坤,张燕. 财政分权与医疗卫生支出效率 —— 以江苏省为例 [J]. 财贸研究,2018(9):76-84.

[22] 邓小平. 邓小平文选:第 2 卷 [M]. 北京:人民出版社,1994.

[23] 邓小平. 邓小平文选:第 3 卷 [M]. 北京:人民出版社,1993.

[24] 邓子基,韩瑜. 公共财政与民生 [J]. 当代财经,2008(8):39-44.

[25] 董万好,刘兰娟,王军. 调整财政民生支出和行政管理支出对劳动报酬的影响 —— 基于 CGE 模型的收入再分配研究 [J]. 财经研究,2011(9):4-15.

[26] 董仲舒. 春秋繁露 [M]. 上海:上海古籍出版社,1989.

[27] 杜玲玲. 义务教育财政效率:内涵、度量与影响因素 [J]. 教育学术月刊,2015(3):67-74.

[28] 付文琳,沈坤荣. 中国公共支出的规模与结构及其增长效应 [J]. 经济科学,

2006(1)：20-29.

[29] 傅道忠．财政决策的民生导向探讨 [J]．当代财经，2009(3)：31-35.

[30] 傅娟．自主创业还是进入体制？ —— 体制外个体劳动者和财政供养人员收入差异的实证分析 [J]．上海经济研究，2014(6)：93-102.

[31] 傅勇，张晏．中国式分权与财政支出结构偏向：为增长而竞争的代价 [J]．管理世界，2007(3).

[32] 高涓．地方民生财政支出效率评价的实证研究 [D]．苏州大学，2015.

[33] 高琳．分权与民生：财政自主权影响公共服务满意度的经验研究 [J]．经济研究，2012(7)：86-98.

[34] 高琳．分税制、地方财政自主权与经济发展绩效研究 [D]．复旦大学，2013.

[35] 高培勇．搭建起财税与民生之间的"互通桥梁" [J]．中国税务，2008(8)：1.

[36] 高远．反腐败与外商直接投资：中国的经验 [J]．南方经济，2010(2)：15-27.

[37] 宫晓霞．财政支出结构的优化路径：以改善民生为基调 [J]．改革，2011(6)：102-108.

[38] 龚锋，卢洪友．财政分权与地方公共服务配置效率 —— 基于义务教育和医疗卫生服务的实证研究 [J]．经济评论，2013(1)：42-51.

[39] 官永彬．新医改以来我国医疗卫生财政支出效率评价：2009—2011[J]．中共南京市委党校学报，2015(1)：20-27.

[40] 管子 [Z]．北京：华夏出版社，2000.

[41] 郭凯明，龚六堂．社会保障、家庭养老与经济增长 [J]．金融研究，2012(1)：78-90.

[42] 郭平，周洁．财政分权、社会保障支出与城乡居民收入差距的实证分析 [J]．财经理论与实践，2016(5).

[43] 郭庆旺，贾俊雪．地方政府间策略互动行为、财政支出竞争与地区经济增长 [J]．管理世界，2009(10)：17-27+187.

[44] 郭庆旺．财政学 [M]．北京：中国人民大学出版社，2002.

[45] 郭新强，胡永刚．中国财政支出与财政支出结构偏向的就业效应 [J]．经济研究，2012(2)：5-17.

[46] 韩炜，杨俊，包凤耐．初始资源、社会资本与创业行动效率 —— 基于资源匹配视角的研究 [J]．南开管理评论，2013(3)：149-160.

[47] 郝硕博，李上炸．对民生财政的思考 [J]．山东经济，2009(6)：83-89.

[48] 何凌霄，南永清，张忠根．老龄化、健康支出与经济增长 —— 基于中国省级面板数据的证据 [J]．人口研究，2015(4)：87-101.

[49] 河南程氏文集：二程集 [Z]．北京：中华书局，1981.

[50] 洪源，王群群，秦玉奇．城乡二元经济结构下民生财政对城乡居民收入差距的影响 [J]．经济与管理研究，2016(1)：22-30.

[51] 洪源．政府民生消费性支出与居民消费：理论诠释与中国的实证分析 [J]．财贸经济，2009(10)：51-56.

[52] 胡培兆．民生财政与现实要求 [J]．中国经济问题，2010(1)：3-14.

[53] 胡永刚，郭长林．财政政策规则、预期与居民消费 —— 基于经济波动的视角 [J]．经济研究，2013(3)：96-107.

[54] 黄力明，邓小莲，张俊军．加强广西民生项目财政资金监管问题研究 [J]．经济研究参考，2012(70)：11-16.

[55] 黄力明．支持农民工市民化的财政政策研究 [J]．经济研究参考，2012(47)：17-22.

[56] 黄宗羲．明夷待访录 [M]．北京：古籍出版社，1955.

[57] 嵇明．关于民生财政的若干思考 [J]．经济研究参考，2011(19)：21-26.

[58] 计志英．基于内生经济增长理论的中国地方政府最优规模估计 [J]．南方经济，2006(7)：46-53.

[59] 贾康，梁季，张立承．"民生财政"论析 [J]．中共中央党校学报，2011(2)：5-13.

[60] 贾谊新书译注 [Z]．哈尔滨：黑龙江人民出版社，2003.

[61] 贾智莲，卢洪友．财政分权与教育及民生类公共品供给的有效性 —— 基于中国省级面板数据的实证分析 [J]．数量经济技术经济研究，2010(6)：139-150+161.

[62] 江泽民．江泽民文选：第 1 卷 [M]．北京：人民出版社，2006.

[63] 姜扬．地方政府质量与民生财政支出效率 [J]．中国行政管理，2019(3)：133-139.

[64] 姜扬．我国民生财政支出对经济发展的影响研究 [J]．经济纵横，2019(5)：83-97.

[65] 今古文尚书全译 [Z]. 贵阳 : 贵州人民出版社 , 1990.

[66] 金碚 . 论民生的经济学性质 [J]. 中国工业经济 , 2011(1)：5-14+119.

[67] 凯恩斯 . 就业、利息和货币通论 [M]. 北京 : 商务印书馆 , 2014.

[68] 康建英 , 田茹 . 义务教育支出效率评价及财政分权影响 [J]. 改革与战略 , 2010(2)：23-25.

[69] 赖德胜 , 李长安 . 创业带动就业的效应分析及政策选择 [J]. 经济学动态 , 2009(2)：83-87.

[70] 兰相洁 . 公共卫生支出与经济增长 : 理论阐释与空间计量经济分析 [J]. 经济与管理研究 , 2013(3)：39-45.

[71] 老子今注今译 [Z]. 北京 : 商务印书馆 , 2003.

[72] 李斌 , 李拓 , 朱业 . 公共服务均等化、民生财政支出与城市化 —— 基于中国 286 个城市面板数据的动态空间计量检验 [J]. 中国软科学 , 2015(6)：79-90.

[73] 李村璞 , 赵守国 , 何静 . 我国的政府规模与经济增长 : 1979—2008 —— 基于非线性 STR 模型的实证分析 [J]. 经济科学 , 2010(4)：15-26.

[74] 李红凤 . 健全解决民生问题的公共财政制度探讨 [J]. 黑龙江对外经贸 , 2010(1)：147-149.

[75] 李建军 . 经济开放的地方财政收支效应实证研究 [D]. 武汉大学 , 2010.

[76] 李建强 . 政府民生支出对居民消费需求的动态影响 —— 基于状态空间模型的实证检验 [J]. 财经研究 , 2010(6)：102-111.

[77] 李俏 , 胡燕京 . 区域经济发展水平与财政义务教育支出效率 —— 基于十二年数据的 DEA 实证研究 [J]. 山东工商学院学报 , 2016(1)：13-18.

[78] 李胜会 , 熊璨 . 社会保障财政支出 : 城乡效率差异及原因 [J]. 公共管理学报 , 2016(3)：135-146+160.

[79] 李枢川 . 财政制度、经济增长与国家治理 [D]. 财政部财政科学研究所 , 2014.

[80] 李塔娜 . 论民生财政 [J]. 理论研究 , 2010(3)：64-65.

[81] 李晓嘉 . 民生支出对城乡居民消费的影响及解释 —— 基于省级动态面板数据的分析 [J]. 上海经济研究 , 2012(5)：68-74+84.

[82] 李新光 , 胡日东 , 张彧泽 . 我国土地财政、金融发展对城镇化支持效应的实证研究 —— 基于面板平滑转换模型 [J]. 宏观经济研究 , 2015(4)：132-141.

[83] 李雪莲, 马双, 邓翔. 公务员家庭、创业与寻租动机 [J]. 经济研究, 2015(5): 89-103.

[84] 李一花, 魏群, 李雪妍. "省直管县" 财政改革对县级政府财政支出效率的影响研究 [J]. 经济与管理评论, 2016(1): 79-88.

[85] 李永生, 黄卫红. 促进改善民生的财政政策分析 [J]. 经济论坛, 2009(17): 49-51.

[86] 李永友, 丛树海. 居民消费与中国财政政策的有效性: 基于居民最优消费决策行为的经验分析 [J]. 世界经济, 2006(5): 54-64.

[87] 廖楚晖, 余可. 地方政府公共支出结构与经济增长 —— 基于中国省际面板数据的实证分析 [J]. 财贸经济, 2006(11): 41-45+96-97.

[88] 廖建江. 基于 DEA-Malmquist 指数的湖南 "省直管县" 财政改革效率研究 [J]. 求索, 2016(11): 94-98.

[89] 林致远. 财政制度与经济增长 [D]. 厦门大学, 2001.

[90] 凌彦东. 我国城市教育财政支出效率评价 [J]. 财政监督, 2015(3): 34-38.

[91] 刘德吉, 胡昭明, 程璐, 汪凯. 基本民生类公共服务省际差异的实证研究 —— 以基础教育、卫生医疗和社会保障为例 [J]. 经济体制改革, 2010(2): 35-41.

[92] 刘海兵, 杨凡, 陈工. 中国省级地方政府财政支出效率研究: 1978—2013[J]. 海南大学学报 (人文社会科学版), 2016(3): 41-47.

[93] 刘昆. 论公共财政改善民生的重点领域及实现途径 [J]. 财政研究, 2008(9): 43-47.

[94] 刘蕾. 我国财政支出效率评价体系的构建 [J]. 山西财政税务专科学校学报, 2008(2): 27-29.

[95] 刘明慧. 医疗卫生保障公共财政投入: 有效性与政策路径 [J]. 财经问题研究, 2010(1): 89-93.

[96] 刘鹏程, 李磊, 王小洁. 企业家精神的性别差异 —— 基于创业动机视角的研究 [J]. 管理世界, 2013(8): 126-135.

[97] 刘沁清. 财政民生投入和城乡居民消费 —— 基于省级面板数据的发现 [J]. 上海经济研究, 2012(6): 67-75+83.

[98] 刘尚希. 论民生财政 [J]. 财政研究, 2008(8): 2-10.

[99] 刘振亚, 唐滔, 杨武. 省级财政支出效率的 DEA 评价 [J]. 经济理论与经济管理, 2009(7)：50–56.

[100] 刘志广. 财政制度、分工与经济增长 [D]. 复旦大学, 2006.

[101] 卢亚娟, 张龙耀, 许玉韫. 金融可得性与农村家庭创业 —— 基于 CHARLS 数据的实证研究 [J]. 经济理论与经济管理, 2014(10)：89–99.

[102] 陆铭, 陈钊. 城市化、城市倾向的经济政策与城乡收入差距 [J]. 经济研究, 2004(6).

[103] 罗文宝, 向莉. 我国财政支出结构问题及其优化研究 [J]. 前沿, 2014(Z9)：113–114.

[104] 马光荣, 杨恩艳. 社会网络、非正规金融与创业 [J]. 经济研究, 2011(3)：83–94.

[105] 马海涛, 和立道. 公共财政保障民生的次序研究 —— 基于民生支出项目的"层级分布"要求 [J]. 地方财政研究, 2010(2)：28–34.

[106] 马克思, 恩格斯. 马克思恩格斯全集：第 1 卷 [M]. 北京：人民出版社, 2012.

[107] 马克思, 恩格斯. 马克思恩格斯全集：第 2 卷 [M]. 北京：人民出版社, 2012.

[108] 马克思, 恩格斯. 马克思恩格斯全集：第 3 卷 [M]. 北京：人民出版社, 2012.

[109] 马克思, 恩格斯. 马克思恩格斯全集：第 25 卷 [M]. 北京：人民出版社, 2012.

[110] 马克思, 恩格斯. 马克思恩格斯全集：第 42 卷 [M]. 北京：人民出版社, 2012.

[111] 马克思, 恩格斯. 马克思恩格斯全集：第 46 卷 [M]. 北京：人民出版社, 2012.

[112] 马树才, 孙长清. 经济增长与最优财政支出规模研究 [J]. 统计研究, 2005(1)：15–20.

[113] 马跃. 中国教育与经济发展方式及财政保障研究 [D]. 财政部财政科学研究所, 2012.

[114] 马正其. 实施民生财政 促进共同富裕 [J]. 求是, 2012(3)：27–28.

[115] 毛泽东. 毛泽东选集：第 1 卷 [M]. 北京：人民出版社, 1991.

[116] 毛泽东. 毛泽东选集：第 3 卷 [M]. 北京：人民出版社, 1991.

[117] 苗建军, 崔俊富. 基于投资理论的中国地方政府社会性支出不足研究 [J]. 中国工业经济, 2007(9)：31–39.

[118] 明巧玲. 浅谈我国的民生财政 [J]. 学理论, 2015(7)：89–91.

[119] 潘洪其. 民生问题的实质是民主问题 [J]. 学习月刊, 2008(9)：35.

[120] 亓寿伟, 俞杰, 陈雅文. 中国基础教育支出效率及制度因素的影响 —— 基于局部前沿效率方法的分析 [J]. 财政研究, 2016(6)：103-113.

[121] 乔新生. 公共财政革故鼎新 [J]. 中国财政, 2008(8)：59-60.

[122] 仇晓洁, 温振华. 中国农村社会保障财政支出效率分析 [J]. 经济问题, 2012(3)：74-78.

[123] 阮荣平, 郑风田, 刘力. 信仰的力量：宗教有利于创业吗？[J]. 经济研究, 2014(3)：171-184.

[124] 萨缪尔森. 宏观经济学 [M]. 北京：人民邮电出版社, 2012.

[125] 石季辉, 刘兰娟, 王军. 财政民生支出CGE模型闭合条件的选择与检验 [J]. 数量经济技术经济研究, 2011(9)：75-89+161.

[126] 时磊, 刘志彪. "福利赶超"、政府失灵与经济增长停滞 —— "中等收入陷阱" 拉美教训的再解释 [J]. 江苏社会科学, 2013(1)：30-36.

[127] 四书集注 [Z]. 长沙：岳麓书社, 1987.

[128] 宋冬林, 姜扬, 郑国强. 民生财政支出的幸福评价 —— 基于CGSS（2012）调查数据的实证研究 [J]. 吉林大学社会科学学报, 2016(6)：96-104+189-180.

[129] 孙承叔. 真正的马克思 [M]. 北京：人民出版社, 2009.

[130] 孙春雷. 我国民生财政研究 [D]. 财政部财政科学研究所, 2015.

[131] 孙景玉. 坚持科学理财 构建民生财政 —— 酒泉市民生财政建设 [J]. 财会研究, 2009(15)：13-17.

[132] 孙开, 孙琳. 基于投入产出率的财政环境保护支出效率研究 —— 以吉林省地级市面板数据为依据的 DEA-Tobit 分析 [J]. 税务与经济, 2016(5)：101-106.

[133] 孙群力, 罗艳, 陈平. 京津冀城市群财政支出效率研究 [J]. 审计与经济研究, 2016(1)：102-109.

[134] 孙中山. 孙中山选集 [M]. 北京：人民出版社, 1981.

[135] 汤跃跃, 张毓雄. 民生财政对居民消费贡献有多大 —— 基于1978~2010年经验数据的实证检验 [J]. 经济学家, 2012(9)：37-42.

[136] 唐齐鸣, 王彪. 中国地方政府财政支出效率及影响因素的实证研究 [J]. 金融研究, 2012(2)：48-60.

[137] 唐滔. 财政支出效率影响因素分析 [J]. 求索，2010(7)：20-23.

[138] 田波. 论改善民生的基本思路和价值取向 [J]. 产业与科技论坛，2008(4)：10-11.

[139] 童大龙. 公共财政向民生倾斜的保障机制构建 [J]. 商业时代，2008(31)：8-9.

[140] 汪柱旺，谭安华. 基于 DEA 的财政支出效率评价研究 [J]. 当代财经，2007(10)：34-37.

[141] 王冰，赵凌燕. 地方财政医疗卫生支出效率评价体系构建 [J]. 山东工商学院学报，2014(6)：77-82.

[142] 王冰. 山东省环保财政支出效率评价体系构建 [J]. 财政管理，2012(10)：46-48.

[143] 王家庭，李艳旭. 晋升压力能够提高地方民生财政支出效率吗？—— 基于中国 285 个城市的 DEA-Malmquist 分析 [J]. 西安交通大学学报（社会科学版），2018 (3)：51-58.

[144] 王密，陆亨伯，方东胜. 我国大型体育场馆公共服务目标与原则的理论构建 [J]. 浙江体育科学，2013(6)：16-19.

[145] 王宁涛. 公共财政向民生财政回归的相关问题探讨 [J]. 财会研究，2011(5)：9-11.

[146] 王谦，李超. 基于三阶段 DEA 模型的我国财政支农支出效率评价 [J]. 财政研究，2016(8)：66-77.

[147] 王庆. 关于民生财政的思考 [J]. 宏观经济管理，2011(5)：43-44.

[148] 王文甫. 中国政府支出的动态效应实证分析 [J]. 软科学，2010(3)：28-31.

[149] 王小斌，李郁芳. 土地财政、城镇化与城乡收入差距 —— 基于 1999~2011 年省级面板联立方程的实证研究 [J]. 产经评论，2014(5)：127-138.

[150] 王雪珍. 构建民生财政 —— 公共财政改革的新视角 [J]. 全国商情（经济理论研究），2009(14)：133-134+136.

[151] 王一宏，朱大兴. 论我国公共财政的民生属性 [J]. 财政研究，2011(12)：65-68.

[152] 王银梅，刘丹丹. 我国财政农业支出效率评价 [J]. 农业经济问题，2015(8)：49-55.

[153] 威廉·配第. 赋税论 [M]. 北京：中国社会科学出版社，2010.

[154] 魏立萍, 刘晔. 民生财政: 公共财政的实践深化 [J]. 财政研究, 2008(12): 7-10.

[155] 温家宝. 关于发展社会事业和改善民生的几个问题 [J]. 求是, 2010(7): 3-16.

[156] 吴晓瑜, 王敏, 李力行. 中国的高房价是否阻碍了创业？[J]. 经济研究, 2014(9): 121-134.

[157] 吴一平, 王健. 制度环境、政治网络与创业: 来自转型国家的证据 [J]. 经济研究, 2015(8): 45-57.

[158] 吴苑华. 关切"民生": 一个不能忽视的马克思传统 [J]. 马克思主义研究, 2008(6): 39-45.

[159] 肖宇亮. 中国民生问题的财政投入研究 [D]. 吉林大学, 2013.

[160] 谢园青, 周慧. 基于 DEA 模型的中国地方民生财政支出效率评价 [J]. 经济论坛, 2017(2): 140-145.

[161] 熊冬洋. 基于改善民生的财政支出结构优化分析 [J]. 税务与经济, 2010(2): 14-17.

[162] 徐进. 我国经济增长中的财政社会性支出研究 [D]. 复旦大学, 2008.

[163] 许坤, 管治华. 地方政府财政支出效率及其影响因素分析 —— 以安徽省为例 [J]. 华东经济管理, 2016(9): 34-40.

[164] 许楠. 财政农业支出效率评价及优化对策 [J]. 经济纵横, 2010(6): 93-95.

[165] 荀子 [Z]. 开封: 河南大学出版社, 2008.

[166] 亚当·斯密. 国富论 [M]. 北京: 商务印书馆, 2015.

[167] 闫婷. 中国财政民生支出规模与结构的优化研究 [D]. 辽宁大学, 2013.

[168] 闫宇光, 寇明风. 财政民生支出指标框架体系研究 [J]. 财政研究, 2011(10): 53-57.

[169] 严成樑, 龚六堂. 财政支出、税收与长期经济增长 [J]. 经济研究, 2009(6): 4-15+51.

[170] 杨林香, 杭许辉. 江苏民生财政支出与经济增长关系研究 —— 基于 STR 模型的实证分析 [J]. 统计科学与实践, 2014(7): 18-20.

[171] 杨震宁, 李东红, 范黎波. 身陷"盘丝洞": 社会网络关系嵌入过度影响了创业过程吗？[J]. 管理世界, 2013(12): 101-116.

[172] 杨志安，闫婷. 关于民生财政本质的探讨 [J]. 商业时代，2012(17)：56-57.

[173] 杨子晖. 政府消费与私人消费的期内替代和跨期替代 —— 来自亚洲国家的面板协整分析 [J]. 统计研究，2006(8)：27-32.

[174] 余丽生，冯健，陈优芳，虞斌. 地方财政公共预算编制的思考 [J]. 财政研究，2008(3)：44-47.

[175] 张迪，金荣学. 省际环境治理支出效率及其影响因素研究 [J]. 华中农业大学学报，2018(3)：137-143＋160.

[176] 张钢，牛志江. 基于生命周期视角的创业政策关键要素探究 [J]. 科学学与科学技术管理，2009(5)：68-72.

[177] 张军，高远，傅勇，张弘. 中国为什么拥有了良好的基础设施？[J]. 经济研究，2007(3)：4-19.

[178] 张太岳集：第 15 卷 [Z]. 上海：上海古籍出版社，1984.

[179] 张泰峰. 公共部门绩效管理 [M]. 郑州：郑州大学出版社，2004.

[180] 张馨. 论民生财政 [J]. 财政研究，2009(1)：7-10.

[181] 张宇. 财政分权与政府财政支出结构偏异 —— 中国政府为何偏好生产性支出 [J]. 南开经济研究，2013(3)：35-50.

[182] 张载集 [Z]. 北京：中华书局，1978.

[183] 张仲芳. 财政分权、卫生改革与地方政府卫生支出效率 —— 基于省际面板数据的测算与实证 [J]. 财贸经济，2013(9)：28-42.

[184] 赵安平，罗植. 扩大民生支出是否会推高房价 [J]. 世界经济，2012(1)：43-57.

[185] 赵天奕. 民生财政与经济增长：1978—2010 年 —— 基于非线性 STR 模型的实证分析 [J]. 经济研究参考，2012(58)：10-17.

[186] 赵新宇，毕一博. 亲贫性支出与公众主观幸福感 —— 基于 2013 年中国问卷调查数据的实证研究 [J]. 社会科学战线，2015(3)：263-266.

[187] 赵新宇，高庆昆. 公共支出与公众主观幸福感 —— 基于吉林省问卷调查的实证研究 [J]. 财政研究，2013(6)：13-16.

[188] 赵新宇，姜扬，范欣. 宏观税负、亲贫式支出与公众主观幸福感 [J]. 当代经济研究，2013(9)：89-92.

[189] 郑明彩. 民生财政：公共财政的出发点与落脚点 [J]. 市场论坛，2009(7)：

12-14.

[190] 中共中央关于完善社会主义市场经济体制若干问题的决定 [M]. 北京：人民出版社，2003.

[191] 中共中央关于制定国民经济和社会发展第十三个五年规划的建议 [M]. 北京：人民出版社，2015.

[192] 中国经济增长与宏观稳定课题组，张平，刘霞辉，张晓晶，汪红驹，常欣. 增长失衡与政府责任 —— 基于社会性支出角度的分析 [J]. 经济研究，2006(10)：4-17.

[193] 周波. 促进经济增长方式转变的财税政策选择 —— 基于 1993—2004 年中国 24 个省、市、自治区的实证研究 [J]. 数量经济技术经济研究，2007(8)：3-12.

[194] 周红梅，李明贤. 基于 DEA 模型的湖南省财政支农支出效率评价 [J]. 农业现代化研究，2016(2)：284-289.

[195] 周培岩. 创业视角下的中国税收政策研究 [J]. 社会科学战线，2010(8)：240-243.

[196] 周鹏. 台湾财政收支与经济增长关系研究 [D]. 南开大学，2010.

[197] 朱国才. 中国财政政策的经济效应研究 [D]. 中南大学，2007.

[198] 朱家亮. 城镇化进程与财政相互关系的实证研究 [J]. 城市发展研究，2014(9)：5-11.

[199] 朱青. 关注民生：财政支出结构调整的方向与途径 [J]. 财贸经济，2008(7)：24-28+128-129.

[200] 朱团钦，吴玉龙. 中央财政收入与民生水平关系研究 [J]. 中州学刊，2013(9)：27-30.

[201] 朱迎春. 我国公共支出结构经济增长效应的实证研究 [J]. 经济经纬，2013(4)：134-138.

[202] 郏立涛. 促进我国经济结构调整的财政政策研究 [D]. 财政部财政科学研究所，2014.

[203] 左传 [Z]. 上海：上海古籍出版社，1997.

2. 英文参考文献

[1] Alchian, A. A., Demsetz, H. Production, Information Costs, and Economic Organization[J]. The American Economic Review, 1972, 62(5): 777-795.

[2] Al-Faris, A. F. Public Expenditure and Economic Growth in the Gulf Cooperation Council Countries[J]. Applied Economics, 2002, 34(9): 1187—1193.

[3] Anand, S., Ravallion, M. Human Development in Poor Countries: On the Role of Private Incomes and Public Services[J]. Journal of Economic Perspctives, 1993, 7(1): 133-150.

[4] Arrow, K. J., Kurz, M. Optimal Growth with Irreversible Investment in a Ramsey Model[J]. Econometrica, 1970: 331-344.

[5] Bairam, E. I., Dempster, G. J. The Harrod Foreign Trade Multiplier and Economic Growth in Asian Countries[J]. Applied Economics, 1991, 23(11): 1719-1724.

[6] Barro, R. J. Government Spending in a Simple Model of Endogeneous Growth[J]. Journal of Political Economy, 1990, 98(5): S103-S125.

[7] Baumol, W. J. Macroeconomics of Unbalanced Growth: the Anatomy of Urban Crisis[J]. The American Economic Review, 1967: 415-426.

[8] Bellettini, G., Berti Ceroni, C. Is Security Really Bad for Growth?[J]. Review of Ecoomic Dynamics, 1999, 2(4):796-819.

[9] Bjornskov, C., Dreher, A., Fischer, J.A. The Bigger the Better? Evidence of the Effect of Government Size on Life Satisfaction around the World[J]. Public Choice, 2007, 130(3-4): 267-292.

[10] Blankenau, W. F., Simpson, N. B. Public Education Expenditures and Growth[J]. Journal of Development Economics, 2004, 73(2): 583-605.

[11] Buiter, W. H., Kletzer, K.M. Permanent International Productivity Growth

Differentials in an Integrated Global Economy[J]. Journal of Economics, 1993, 95(4): 467–493.

[12] Campos, Ed., Pradhan, S. Budgetary Institutions and Expenditure Outcomes: Binding Governments to Fiscal Performance[J]. Policy Research Working Papers, 1996.

[13] Carr, J. B., Karuppusamy, S. Reassessing the Link between City Structure and Fiscal Policy is the Problem Poor Measures of Governmental Structure?[J]. The American Review of Public Administration, 2010, 40(2): 209–228.

[14] Charpe, M., Flaschel, P., Hartmann, F., et al. Stabilizing an Unstable Economy: Fiscal and Monetary Policy, Stocks, and the Term Structure of Interest Rates[J]. Economic Modelling, 2011, 28(5): 2129–2136.

[15] Christopoulos, D. K., Tsionas, E. G. Financial Development and Economic Growth: Evidence from Panel Unit Root and Cointegration Tests[J]. Journal of Development Economics, 2004, 73(1): 55–74.

[16] Cochrane, J. H. How did Paul Krugman Get It So Wrong?[J]. Economic Affairs, 2011, 31(2): 36–40.

[17] Conte, M. A., Darrat, A. F. Economic Growth and the Expanding Public Sector: A Reexamination[J]. The Review of Economics and Statistics, 1988: 322–330.

[18] Dar, A. A., Amir Khalkhali, S. Government Size, Factor Accumulation, and Economic Growth: Evidence from OECD Countries[J]. Journal of Policy Modeling, 2002, 24(7): 679–692.

[19] Dellepiane-Avellaneda, S. The Political Power of Economic Ideas: The Case of 'Expansionary Fiscal Contractions'[J]. The British Journal of Politics and International Relations, 2015, 17(3): 391–418.

[20] DeLong, J. B., Summers, L. H. Fiscal Policy in a Depressed Economy[J]. Brookings Papers on Economic Activity, 2012, 43(1): 233–297.

[21] Devarajan, S., Swaroop, V., Zou, H. The Composition of Public Expenditure and Economic Growth[J]. Journal of Monetary Economics, 1996, 37(2): 313–344.

[22] Di Tella, R., Macculloch, R., Oswald, A. Preferences Over Inflation and Unemployment: Evidence from Surveys of Happiness[J]. The American Economic Review, 2001, 91(1): 335–341.

[23] Easterlin, R. A., Morgan, R., Switek, M., et al. China's Life Satisfaction, 1990 — 2010[J]. Proceedings of the National Academy of Sciences, 2012, 25(109): 9775–9780.

[24] Evans, J. An Estimated Model of Entrepreneurial Choice under Liquidity Constraints[J]. Journal of Political Economy, 1989, 97(4): 808–827.

[25] Fougère, M., Mérette, M. Population Ageing and Economic Growth in Seven OECD Countries[J]. Economic Modelling, 1999, 16(3): 411–427.

[26] Gemmell, N. International Comparisons of the Effects of Nonmarket-sector Growth[J]. Journal of Comparative Economics, 1983, 7(4): 368–381.

[27] George, G., Prabhu, G. Developmental Financial Institutions as Technology Policy Instruments: Implications for Innovation and Entrepreneurship in Emerging Economies[J]. Research Policy, 2003, 32(1): 89–108.

[28] Grier, K. B., Tullock, G. An Empirical Analysis of Cross-national Economic Growth[J]. Journal of Monetary Economics, 1989, 24(2): 259–276.

[29] Grossman, S. J., Hart, O. D. One Share-one Vote and the Market for Corporate Control[J]. Journal of Financial Economics, 1988, 20: 175–202.

[30] Grubb, F. Colonial New Jersey's Provincial Fiscal Structure, 1704–1775: Spending Obligations, Revenue Sources, and Tax Burdens During Peace and War[J]. Financial History Review, 2016, 23(2): 133–163.

[31] Hansen, B. E. Threshold Effects in Non-dynamic Panels: Estimation, Testing and Inference[J]. Jounal of Econometrics, 1999, 93(2): 345–368.

[32] Heckman, J. J. China's Human Capital Investment[J]. China Economic Review, 2005, 16(1): 50–70.

[33] Hendrick, R., Crawford, J. Municipal Fiscal Policy Space and Fiscal Structure: Tools for Managing Spending Volatility[J]. Public Budgeting & Finance, 2014, 34(3): 24–50.

[34] Herbertsson, T. T. Accounting for Human Capital Externalities with an

Application to the Nordic Countries[J]. European Economic Review, 2003, 47(3): 553-567.

[35] Hernández De Cos, P., Moral-Benito, E. Fiscal Consolidations and Economic Growth[J]. Fiscal Studies, 2013, 34(4): 491-515.

[36] Holsey, C. M., Borcherding, T. E. Why does Government's Share of National Income Grow? An Assessment of the Recent Literature on the US Experience[J]. Perspectives on Public Choice: A Handbook, 1997: 562-589.

[37] Holzmann, R., Hinz, R. P., Dorfman, M. Pension Systems and Reform Conceptual Framework[J]. World Bank Discussion Paper, 2008: 824.

[38] Hout, M., Rosen, H. Self-employment, Family Background, and Race[J]. The Journal of Human Resources, 2000, 35(4): 670-692.

[39] Joyce, P. G., Mullins, D. R. The Changing Fiscal Structure of the State and Local Public Sector: The Impact of Tax and Expenditure Limitations[J]. Public Administration Review, 1991: 240-253.

[40] Kahneman D., Krueger A. B. Developments in the Measurement of Subjective Well-being[J]. Journal of Economic Perspectives, 2006, 1(20): 3-24.

[41] Karras, G. Employment and Output Effects of Government Spending: Is Government Size Important?[J]. Economic Inquiry, 1993, 31(3): 354.

[42] Knight, J., Song, L., Gunatilaka, R. Subject Well-being and Its Determinants in Rural China[J]. China Economic Review, 2009, 20(4): 635-649.

[43] Kormendi, R. C., Meguire, P. G. Macroeconomic Determinants of Growth: Cross-country Evidence[J]. Journal of Monetary Economics, 1985, 16(2): 141-163.

[44] Lim, K., Morse, A., Mitchell, K., et al. Institutional Environment and Entrepreneurial Cognitions: A Comparative Business Systems Perspective[J]. Entrepreneurship Theory and Practice, 2010, 34(3): 491-516.

[45] Lindauer, D. L., The Size and Growth of Government Spending[M]. World Bank, 1988.

[46] Lucas, R. E. On the Mechanics of Economic Development[J]. Journal of

Monetary Exonomics, 1988, 22(1): 3-42.

[47]   Mauro, P. Corruption and the Composition of Government Expenditure[J].
        Journal of Public Economics, 1998(2): 263-279.

[48]   McMullen, S., Bagby, R., Palich, E. Economic Freedom and the Motivation
        to Engage in Entrepreneurial Sction[J]. Entrepreneurship Theory and
        Practice, 2008, 32(5): 875-895.

[49]   Miller, S. M., Russek, F. S. Fiscal Structures and Economic Growth:
        International Evidence[J]. Economic Inquiry, 1997, 35(3): 603.

[50]   Molana, H., Moutos. T. A Note on Taxation, Imperfect Competition and the
        Balanced Budget Multiplier[J]. Oxford Economic Papers, 1992, 44(1): 68-
        74.

[51]   Mullins, D. R., Joyce, P. G. Tax and Expenditure Limitations and State and
        Local Fiscal Structure: An Empirical Assessment[J]. Public Budgeting &
        Finance, 1996, 16(1): 75-101.

[52]   Murgai, R., Ali, M., Byerlee, D. Productivity Growth and Sustainability in
        Post-green Revolution Agriculture: The Case of the Indian and Pakistan
        Punjabs[J]. The World Bank Research Observer, 2001, 16(2): 199-218.

[53]   Ng, Y.K. Happiness Studies: Ways to Improve Comparability and Some
        Public Policy Implications[J]. The Economic Record, 2008, 84(265):
        253-266.

[54]   Perovic, L.M., Golem, S. Investigating Macroeconomic Determinants
        of Happiness in Transition Countries: How Important is Government
        Expenditure?[J]. Eastern European Economics, 2010, 48(4): 59-75.

[55]   Ram, R. Government Size and Economic Growth: A New Framework and
        Some Evidence from Cross-section and Time-series Data[J]. The American
        Economic Review, 1986, 76(1): 191-203.

[56]   Ram, R. Government Spending and Happiness of the Population: Additional
        Evidence from Large Cross-country Sample[J]. Public Choice, 2009,
        138(3): 483-490.

[57]   Romer, P. M. Human Capital and Growth: Theory and Evidence[J].

Carnegie-rochester Conference Series on Public Policy, 1990, 32: 251-286.

[58] Romp, W., De Haan, J. Public Capital and Economic Growth: A Critical Survey[J]. Perspektiven der Wirtschaftspolitik, 2007, 8(S1): 6-52.

[59] Shahbaz, M., Khan, S., Tahir, M. I. The Dynamic Links between Energy Consumption, Economic Growth, Financial Development and Trade in China: Fresh Evidence from Multivariate Framework Analysis[J]. Energy Economics, 2013, 40: 8-21.

[60] Summers, L. H. US Economic Prospects: Secular Stagnation, Hysteresis, and the Zero Lower Bound[J]. Business Economics, 2014, 49(2): 65-73.

[61] Tanzi, V., Schuknecht, L. Public Spending in the 20th Century: A Global Perspective[M]. Cambridge University Press, 2000.

[62] Teles, V. K., Mussolini, C. C. Public Debt and the Limits of Fiscal Policy to Increase Economic Growth[J]. European Economic Review, 2014, 66: 1-15.

[63] Thornton, J. Fiscal Decentralization and Economic Growth Reconsidered[J]. Journal of Urban Economics, 2007, 61(1): 64-70.

[64] Uppal, Y., Glazer, A. Legislative Turnover, Fiscal Policy, and Economic Growth: Evidence from US State Legislatures[J]. Economic Inquiry, 2015, 53(1): 91-107.

后记

廿载求学，一朝功成。
大学之道，身授家教。
鸿儒未鸣，探道先后。
八大部中，终现明德。
深思己能，经世济用。
略知一二，不明七八。
五洲学理，四海经纶。
佛心待人，善意载物。
教诲谆谆，大智化简。
五湖四海，各为脊梁。
细雨汇聚，大江东流。
治学为师，严谨有方。
象牙塔顶，植根黑土。
有师亦友，伴愚身旁。
圣贤递问，华夏遍约。
感同身受，以尺为矩。
炎黄颜笑，大同为公。
教化有度，人微言实。
雨雪风霜，茅屋华堂。

回首望昔，思感良多。
黄毛竞逐，易睹寒窗。
才子良将，常闻左右。
春秋更迭，复回鼎新。
术业专攻，疑虑倍增。
良师大能，解惑授业。
跋山涉水，终见彼岸。
趣弈人生，笑看百态。
杏坛众生，皆有所好。
心有所指，力有所向。
闻言记心，裨益匪浅。
不辱宗室，华章添彩。
奋书疾笔，学得所用。
赵氏潘安，新悦宇达。
身丈九州，晓踏翰林。
策画经纬，为知本心。
水载扁渡，急倾覆流。
身有所疾，病有所医。
赋闲有养，国之大技。

始于春城，四季吉府。
黑格费尔，马恩格斯。
四分局旁，理化楼畔。
故栋依旧，乡邻互知。
引经据典，涉世观望。
指点江山，激扬文字。
宋氏师门，冬林傲雪。
经风历雨，大浪淘沙。
桃李天下，向荣欣欣。
众人拾柴，星火燎原。
为人成事，难撼山峦。
雄鸡堪首，黄龙府邸。
才浅涨溢，月累日积。
督学增进，共论天下。
心怀社稷，不忘民心。
民有所愿，公有所为。
缓波如岸，积羽沉舟。
众或所长，事为己长。
垂髫耄耋，衣锦食丰。

彼岸大洋，硕法可循。天朝大国，善习会思。引其长技，以图自强。

泱泱大地，何处无辉。日朗月月，苍穹辽阔。身先士卒，尽吾薄力。

久立厅堂，过往蹁跹。余之院内，浓水之情。慈父严母，各有所望。

磅礴砥砺，见微知著。豁达明理，思忖有加。古稀重慈，统筹持家。

食饮妥备，冷暖护度。兄顾百般，弟及周全。姊瑜释谛，妹莺灏趣。

执箸成双，涕零感激。身受同忙，忧思难忘。携手而行，菀若惊鸿。

文韬浩然，齐鲁浩渺。王孙将相，佳人倾城。国之燕郊，强明耳聪。

一脉相承，博识群览。育雍赞礼，包罗乾坤。万物因果，梵音静心。

奕世载德，晨曦嶂叠。摧枯拉朽，凯得以归。胡天飞雪，昭然若揭。

褴褛踏路，孤军难行。今朝微势，拜谢左右。同济苍穹，谦衷本心。

隆昌行运，不忘始终。